Mayer / Tschernutter

Für mi und die Steuer is nix blieb'n!

Anekdoten über Finanzbeamte und Steuerzahler, aufgeschrieben von zwei Insidern

Für mi und die Steuer is nix blieb'n!

Anekdoten über Finanzbeamte und Steuerzahler, aufgeschrieben von zwei Insidern

von

HR i.R. Dr. Helmut Mayer

HR Dr. Heinz Tschernutter

Verlag Orac

Wien 1999

ISBN 3-7007-1471-8

Verlag Orac, Wien

Titelbild: Mag. Andreas Breinbauer
Hersteller: Druckerei Robitschek & Co. Ges.m.b.H., Wien

Dem Präsidenten
der Finanzlandesdirektion für
Wien, Niederösterreich und Burgenland,
Dr. Manfred Frey,
dem der entscheidende Anstoß,
dieses Buch zu schreiben, zu verdanken ist.

In Loyalität und Freundschaft

Helmut Mayer Heinz Tschernutter

Vorwort

Dieses Buch will keineswegs nur – und schon gar nicht unbedingt – „witzig“ sein. Es lädt zum Lächeln ein, ohne ein herzhaftes Lachen auszuschließen.

Es will Finanzbeamte wie Steuerzahler (und die wenigen anderen), als Leser vereint, mit Geschichten aus dem Steueralltag unterhalten.

Es will nicht die Nöte und Schwierigkeiten des Steuerzahlers verniedlichen und auch nicht die Arbeit der Finanzbeamten simplifizieren.

Wenn aber auf dem schmalen Weg vom abstrakten Gesetzesauftrag zum konkreten menschlichen Einzelfall sich mitten in die „Amtshandlung“ ein Lächeln hineindrängt und zur Anekdote wird, dann möge es um ein beiderseitiges Verständnis in der Begegnung zwischen Finanzbeamten und Steuerzahlern werben.

Allen, die zum Zustandekommen dieses Buches beigetragen haben, sei hier herzlich gedankt, vor allem den Kolleginnen und Kollegen, die mit ihren Erzählungen diese Sammlung bereicherten; vieles ist ja „erzählerisches Transportgut“ von Kollege zu Kollege. Es wäre daher ungerecht, nur einzelne Namen zu nennen, da wir alle in unseren Dank einschließen wollen.

Ein besonderer Dank der Autoren gilt dem Verlagslektorat, insbesondere Frau Dr. Kandutsch für ihre Geduld, wertvollen Hinweise und Ratschläge.

Wien, im Oktober 1999

Helmut Mayer
Heinz Tschernutter

Inhaltsverzeichnis

Zum Thema

Erkenntnis:

Der eine Teil der Erdenbürger weiß,
wie man mit der Steuer umgeht,
der andere –
wie man sie *umgeht* ...

Die kürzeste Steuererklärung:

„Viel ausgeb'n, wenig Einnahmen –
für mi' und die Steuer is nix blieb'n!"

Die Steuerwahrheit:

Der liebe Gott kennt sie.
Der Steuerpflichtige kennt sie.
Der Steuerberater muß sie nicht kennen.
Der Finanzbeamte ahnt sie –
darf sie aber erst glauben,
wenn es die Bundesabgabenordnung erlaubt ...

Feststellung:

„Auch Finanzbeamte sind Menschen.
Man merkt es nur nicht immer gleich,
weil man ihnen ÜBERMENSCHLICHES zumutet
und sie UNMENSCHLICHES aushalten ..."
(Ein Lohnsteuerbeamter)

In der Anekdote aber leben sie
menschlich und allzumenschlich ...

Die Anekdote

Anekdoten sind die Feinzeichner der Geschichte – mit Liebe zum Detail.

Sie sind aber auch vergleichbar einem schmalen Lichtkegel, der in den weitläufigen Räumen der Erinnerung gerade in die kleinen Winkel und Nischen leuchtet und – nicht scharf abgrenzend – so manches Darunter, Darüber und ein bißchen Hintergrund freigibt: Man hört es Atmen, Flüstern, Schimpfen, Lachen, Husten.

Die Anekdote gibt der Geschichte Atmosphäre.

Die Finanzanekdote – prickelnde Atmosphäre.

Der Finanzbeamte

Der Beamte ist der Diener des Staates.
Der Diener trägt die Zeichen seines Herrn.*
Den Diener prügelt man –
und meint doch oft den Herrn ...

„Mit schlechten Gesetzen und guten Beamten
läßt sich immer noch regieren.
Bei schlechten Beamten aber
helfen uns die besten Gesetze nichts."
(Bismarck)

* Symbole, Wappen, Hoheitszeichen

Wie wird man so etwas?

Spontan-Umfragen haben ergeben, daß der Anteil der Finanzbeamten, die sich von Haus aus zu diesem Beruf „berufen" fühlten, eine statistisch zu vernachlässigende Größe darstellt.

Kaum einer hat gesagt: „Ich werde Finanzbeamter und sonst gar nichts!"

Man wurde es halt.

Aus vielerlei und sehr unterschiedlichen Beweggründen.

Der Fall, in dem der Sohn eines Finanzbeamten schon im Volksschulalter zum Aufsatzthema „Was will ich werden" zielbewußt schrieb:

„Ich werde, wie mein Vater, Beamter, denn da muß ich nichts arbeiten, nur schreiben",

und dann auch wirklich Finanzbeamter wurde, ist wohl als Einzelfall zu sehen.

Auch dürfte es nicht allzu häufig gelungen sein, jemanden für die Finanz – im älteren Fußballer-Jargon würde man sagen – zu „kapern". Einmal ist es gelungen.

Fragt da der Abteilungsleiter den ihm neu Zugeteilten:

„Na, Herr Kollege, was hat Sie denn bewogen, zur Finanz zu gehen?"

Der, etwas verlegen:

„Bewogen, bewogen hat mich eigentlich nichts. Nur der Herr Gruppenleiter J. kennt mich von daheim im Burgenland und weiß, daß ich bei unserem SC. APT. auf linksaußen spiel'. Und da hat er mich gefragt, ob ich nicht zur Finanz will, sein Amt tät einen Linksaußen in der Fußballmannschaft brauch'n. Na ja, hab ich g'sagt, wenn's geht?"

Eine geradezu „schicksalhafte Berufung", von der ein Dienststellenleiter anläßlich seiner Verabschiedung erzählte, fällt wohl ebenfalls in die Kategorie „außergewöhnlich, nicht wiederholbar".

„Ich kam", berichtete er, „nicht in einer Klinik, sondern in meiner Heimatgemeinde im ehelichen Schlafzimmer zur Welt. Unsere Ortshebamme, die Frau Maria, stand mir und meiner Mutter bei. Und damit hatte mich das Schicksal bereits in die Startlöcher meiner späteren Laufbahn gesetzt. Unsere Frau Maria war nämlich die leibliche Tante des später sehr bekannten Ministerialrates J. W., der an der Einführung des Mehrwertsteuer-Systems in Österreich maßgeblichen Anteil hatte. Was konnte ich tun? Hätte ich mich aufbäumen sollen? Ich ging zur Finanz."

Sehr oft und naturgemäß wirkt aus dem Elternhaus der sog. Schieneneffekt:

Hoffnungsvolle Sprößlinge werden auf die bereits von Vater, Mutter eventuell auch noch Onkel befahrenen „Finanz-Gleise" gesetzt.

So erklärt sich – wie bei Film, Theater, ORF – auch in der Finanzverwaltung das Phänomen der vielen, in einer Art Generationen-Staffette wiederkehrenden Namen.

Diese „Dynastie-Namen" machen es aber ihren Trägern, abgesehen vom ersten Schritt, keineswegs leicht. Sie erleiden den „Brennglas-Effekt": Kritisch und gebündelt sind die Blicke aller und allerorten auf sie gerichtet. Und die üblichen Grundaussagen der Kollegenschaft „Ganz wie sein Vater", oder „Der hat gar nichts von seinem Vater", können in beiden Fällen sowohl positive als auch negative Bedeutung haben. (Je schneller sich der so Stigmatisierte in die „niedrigen Arbeiten" findet – Würstl vom Gasthaus nebenan, Wurstsemmeln vom Billa gegenüber holen, Totoscheine abgeben, täglich Kaffeegeschirr waschen – desto schneller findet er Eingang in die „Kollegialität".)

Aber auch das Beispiel ehemaliger Studienkollegen, der Rat eines Bürgermeisters oder eines Bischofs haben schon zur Begründung erfolgreicher Finanzkarrieren beigetragen.

Denn: „Es sind gewiß nicht die schlechtesten Finanzbeamten, die erst im Laufe der Verwaltungspraxis ihre berufliche Neigung entwickeln."*

---

* *Pausch*, Grillparzer im Finanzdienst, Dr. Peter Deuber Verlag, Köln.

Nicht zuletzt ein Vizepräsident der Hofkammer, Graf Herberstein-Moltke, war es, der Grillparzer „energisch aufforderte", in den Finanzdienst einzutreten, um für Mutter und Geschwister sorgen zu können.

„Zur Besetzung aller dieser Finanzämter
sind mehr Ehrenmänner erforderlich
als der Staat gewöhnlich hervorbringt."

Friedrich II. von Preußen

★

Bewerbungsschreiben sehr unterschiedlichen Stils

Las man 1813 in einem Gesuch um Aufnahme in den Finanzdienst noch:

> „Die bekannte Güte Eurer fürstlichen Gnaden gibt mir den Mut, hochderenselben meine Bitte um Anstellung ... untertänigst zu Füßen zu legen ..."*,

so hieß es 1955 im Bewerbungsschreiben einer künftigen Finanzbeamtin:

> „... Und da mein Verlobter bereits Finanzbeamter ist, habe ich über ihn auch Interesse an einer Tätigkeit in der Finanzverwaltung gewonnen. Ich werde bemüht sein, beides zu verbinden und auch meine dienstlichen Pflichten gewissenhaft zu erfüllen ..."

★

Anstellungserfordernis – körperliche Eignung

„An die Betriebs-Überprüfungsstelle!
Sie können mich, was Sie wollen, aber nicht zwingen, daß ich meine Bücher anders führe als mein Vater und wahrscheinlich schon dessen Vater (ich stamme aus einer angesehenen Comptoir-Familie).

Wenn die Spannweite der Arme Ihrer Prüferin nicht ausreicht, um mit einem Amerikanischen Journal** umzugehen, *dann ist das*

---

* *Pausch, a. a. O.*

** Eine veraltete Form der Doppelten Buchhaltung, bei der die Konten in einem gebundenen „Journal" nebeneinander angeordnet sind, wodurch die Journal-Seiten in ihrer Breite einen sehr großen Umfang erreichen.

ein körperlicher Mangel, den nicht ich, sondern die Finanz zu verantworten hat. Sie hat noch nie, wie sie selbst sagt, ein solches Journal gesehen.

Vielleicht achten Sie, wenn Sie wieder eine Prüferin einstellen, auch *auf den von mir aufgezeigten Umstand der körperlichen Eignung!*

Insbesondere im Bezug auf die Länge der Arme. Das Gesicht und der Rest ist mir wurscht!"

Soziologisch gesehen

Aus zahlreichen Berichten antiker Geschichtsschreiber erfährt man, daß Zöllner und Steuereinnehmer einen zwar einträglichen, aber lebensgefährlichen Beruf hatten. Immer wieder wurden sie, wenn sie Glück hatten, verjagt, bei weniger Glück, gesteinigt oder auf andere Art umgebracht. Auch die Bibel rückt den Berufsstand in eine wenig honorige Societé:

Man liest: „Wahrlich, ich sage Euch, Zöllner und Dirnen ..."

Der biblische Zoll- und Steuereinnehmer von Jericho, Zacharias, flüchtete, als er den Volkslärm hörte, der Jesus begleitete, schlechten Gewissens auf einen Baum. Und auch der Ruf des Matthäus, aus derselben Zunft, war nicht der beste. Viel später und erst nach seiner Läuterung wurde er zum Schutzpatron aller Finanz- und Zollbeamten.

Den Vögten, Steuereinnehmern und Verwaltern des Mittelalters und der Neuzeit erging es nicht viel besser: Mit Feuer und Dreschflegel gingen wiederholt „Steuer-Unterdrückte" daran, eine „Steuerreform" in ihrem Sinne durchzusetzen.

„Und in deutschen Landen" (Trier) erschlug man den königlichen Steuereintreiber Parthenius, nachdem man ihn aus einer Sakristei, in der er Zuflucht gesucht hatte, „an Kopf und Kragen, Händ' und Füß' herausgezogen hatte".

Der Finanzbeamte der Gegenwart übt zwar einen weniger einträglichen, aber auch weniger lebensgefährlichen Beruf aus.

Und dennoch: Noch im Jahre 1948 sah sich die Finanzlandesdirektion Wien zu folgendem Erlaß veranlaßt (AV 3.12.1948):

„Die Tafeln auf den Dienst-Fahrrädern mit der Aufschrift ‚FINANZ' sind abzumontieren. Die Kennzeichnung der Fahrräder erschwert die Dienstverrichtung oder macht sie in vielen Fällen unmöglich. Wiederholt wurden an den Rädern die Luft abgelassen, die Ventile entfernt, die Reifen zerschnitten usw.

Ein Exekutor kam in eine Ortschaft, an deren Eingang sich eine Schar Kinder aufhielt. Als die Kinder durch das gekennzeichnete Fahrrad einen Finanzbeamten erkannten, liefen sie durch die Ortschaft und verkündeten laut dessen Eintreffen. Die Folge war, daß der Vollziehungsbeamte ausnahmslos verschlossene Türen vorfand.

In einem anderen Fall rissen die Tabakpflanzenbauern die über die angemeldete Anzahl hinausgehenden Pflanzen aus, als sie hörten, daß sich ein Beamter der Steueraufsicht mit einem Dienstrad der Ortschaft näherte ..."

Und um einer „heftigen kämpferischen" Auseinandersetzung zu entgehen, wurde am 19. 10. 1948 verfügt:

„Wegen kleiner Beträge darf nie Exekution geführt werden. So wurde von einem Finanzamt wegen eines Rückstandes von 12 G exekutiert. Das bietet der Wirtschaft Veranlassung, einen heftigen Kampf gegen die Finanzverwaltung zu führen, den man besser vermeiden sollte ..."

Heutzutage kämpft der Finanzbeamte mit seinem Image. Ein schier aussichtsloser Kampf. Denn er ist das greifbare, körperlich anwesende Bild des abstrakten Steuergläubigers im Hintergrund.

Dementsprechend lassen ihn Umfrage-Ergebnisse über den Beliebtheitsgrad verschiedener öffentlicher Ämter permanent nahe dem unteren Ende rangieren.

Denn: „Ganz bequem sitzt der Steuerrock niemals." *(Bismarck, 1877).*

★

Und so wird er vorgestellt (unter Freunden):
„Ich möchte Euch gerne bekanntmachen: Dr. Mayer, Finanzbeamter", und weiter, mit verbindlichem Lächeln, „... aber ein anständiger Mensch!"

★

Ein Steuerzahler zum Finanzbeamten:

„Herrrr! Sie sind für mich da, nicht umgekehrt!

Sie leben von meinen Steuern, die ich bezahle!"

Finanzbeamter, ungerührt:

„Besser tät i' leb'n von den Steuern, die Sie nicht zahl'n!"

★

Na dann!
(Aus einer Zeichengeschichte)

Psychiater zum Finanzbeamten auf der Couch:

„Ihre Befürchtungen, daß die ganze Welt Sie haßt, sind doch lachhaft!

Vielleicht ein paar hundert Firmenchefs und einige tausend Buchhalter –

aber doch nicht die ganze Welt!"

★

Im Schutz des Inkognitos

Zwei Hofräte der österreichischen Finanzverwaltung kamen mit ihren Damen auf dem Heimweg von einem Konzertbesuch und nach dem anschließenden Abendessen an dem berühmten Würstlstand am Schwarzenbergplatz vorbei.

Der verführerische Duft von Bratwürsteln und Burenwurst mit allen Arten von Senf verfehlte auch diesmal nicht seine Wirkung.

Mit einem Male verspürte man einen „Gusto".

„Noch schnell ein paar Würstl?"

Nach anfänglicher Gegenwehr ließen sich die Damen zu einem „Aber nur einen Bissen!" bewegen.

Man war sich, nach dem ausgedehnten Abendessen der „Unmäßigkeit" bewußt, und so einigte man sich auf e i n gemeinsames Paarl.

Einer der beiden „8er-Rangigen"* lud zu Würstl und Senf ein und bestellte:

„Ein Paar, bitte genau auf vier Teile aufschneiden, und viel süßen Senf."

Der Würstlmann tat, was verlangt, kassierte und seufzte laut:

„Jetzt sollt' wer von der Finanz kommen, daß er siecht wia's da zuageht! A Paarl zu viert! Des glaub'n ma de ja nie!"

---

* „8er" = Gehaltsstufe 8 (Hofratsrang)

Die beiden Hofräte, ein Vorstand eines Wiener Finanzamtes und der Leiter einer Bp-Dienststelle, blieben unbewegt und sorgsam auf ihr Inkognito bedacht.

Sie genossen Würstl und Senf und zogen sich in die Anonymität des Abends zurück ...

★

Stoßseufzer eines Finanzbeamten in einer kleinen Kleinstadt:

„Lieber ein anonymer Pensionist
als ein stadtbekannter Finanzbeamter!"

★

Grillparzer aus seiner „Amtsstube":

„Ich sitze hier unter Faszikeln dicht,
Ihr glaubt, verdrossen und einsam,
Und doch – das ahnt ihr nicht,
Mit den ewigen Göttern gemeinsam ..."

★

Liebe mit Verspätungszuschlag und dessen Spätfolgen ...
(Eine rührende Geschichte, in der alles ein wenig verspätet war ...)

Brief an das Finanzamt in L.

„Geständnis. 18. 2. 89

Durch meine Arbeit, Lehrling im 3. Lehrjahr, lernte ich einen netten Jungen kennen und wir gingen miteinander. Ganz natürlich. Wir hatten auch Verkehr, auf natürliche Weise, ohne Abwehrmaßnahmen.

Nach ca. 3 Monaten trennten wir uns.

Plötzlich kamen meine Mutter und ich darauf, daß ich schwanger war.

Meine Mutter sagte, die schöne Jugend ist vorbei. Es war sehr schlimm für mich. Ich schwankte zwischen Abtreiben und Austragen und ging weiter in die Arbeit. Dadurch versäumte ich Ihre Termine und ich bekam einen Verspätungszuschlag.

Es war nicht meine Schuld.

Der Frauenarzt sagte, der voraussichtliche Geburtstermin ist am 17. Jänner. Aber es war nicht der 17. Jänner, es war der 31. Jänner.

Meine Schwangerschaft dauerte also 42 Wochen. Der 31. Jänner war der Tag, an dem ich verspätet einen kräftigen gesunden Sohn geboren habe.

Bitte glauben Sie mir, daß ich es wirklich nicht gewußt habe, daß ich ein Kind bekomme und ich mich bei Ihnen mit der Lohnsteuerkarte verspäte. Bitte schicken Sie mir eine zu.

Danke!

Hochachtungsvoll Cl. A."

Chronik: Der Verspätungszuschlag wurde aufgehoben und ein junger Finanzbeamter mit einem Baby-Paket zu Mutter und Kind beordert.

Die junge Mutter gab bald ihre Stellung in der Cafe-Konditorei auf.

Überraschend kündigte auch der junge Finanzbeamte seinen Dienst im Finanzamt und trat in eine Speditionsfirma in St. Pölten ein.

Eines Tages verließen beide L. und begründeten ihren gemeinsamen Wohnsitz in St. Pölten.

Love-Story mit Verspätung.

„Ja wovon leben denn die Leut'?"

Unterschiedliche Einkommensverhältnisse

In dem sog. „Grünen Bogen" (ehemals ein Anhang zum Betriebsprüfungsbericht als Aktenvermerk für den internen Gebrauch) stand unter „Tz 3 Wirtschaftliche Verhältnisse":

„Der Steuerpflichtige lebt von einem geringeren Einkommen als ein Finanzbeamter. Aber viel besser."

★

Luxus

Ein Finanzbeamter wurde in einem etwas süffisanten Ton gefragt, wie er denn so sein finanzielles Auskommen finde. Der Beamte blieb gelassen:

„Ich habe das Glück, mit einer Frau verheiratet zu sein, die so viel verdient, daß sie sich als Ehemann einen Finanzbeamten leisten kann!"

★

Chef – ohne Gehaltskompetenz

Eine Auseinandersetzung zwischen einem Gruppenmitarbeiter und seinem unmittelbaren Vorgesetzten eskalierte. In höchster Erregung schleuderte der Mitarbeiter seinem Chef entgegen:

„Und überhaupt, Sie san für mi ka Chef! Sie können mir kan Schilling wegnehmen und kan Schilling draufgeb'n. So was is' ka Chef!"

★

Grillparzer klagt:

„Für den Kopf, ich muß es sagen,
sorget ihr recht sehr,
doch ich hab auch einen Magen
und den ließt ihr leer ..."

Literarisch gesehen

Ein Exkurs

Beide studierten Rechtswissenschaft an der Universität in Wien.

Der eine wurde ein gefragter und beliebter Schauspieler.

Der andere – Finanzbeamter.

Nach 30 Jahren kommen sie anläßlich einer Betriebsprüfung wieder zusammen.

Der juristische Grundstock des Schauspielers und die literarische Neigung des Finanzbeamten treffen aufeinander, reiben sich ein wenig.

Beide vergleichen ihr Berufsleben.

Der Schauspieler (Sch) zum Finanzbeamten (FB):

„Du hast ja doch den seßhafteren Beruf gewählt. Schau, wir wechseln doch immer wieder die Bühnen, spielen manchmal auch an zwei und mehr Theatern in einer Saison."

FB: „Du, so ortsfest sind wir auch nicht! Es gab einen Vorstand, der wechselte innerhalb von dreizehn Monaten dreimal das Amt als Vorstand! Als er an einem ‚wieder einmal ersten Tag' sein neues Amt betrat und – spät in der Zeit, aber mit erheblicher Leibesfülle – keuchend dem Aufzug zustrebte, tönte es von dort: ‚Geh'ma Blada, hupf eina, sunst san'ma furt!'

Als er im zweiten Stock dann ausstieg, drehte er sich um und sagte, jedes Wort betonend: „Der Blade ist ab heute Ihr Chef!"

Und außerdem mußt Du wissen, hat jedes unserer Ämter eine Zweitbühne. Dort spielen wir, *‚Der Revisor'*, und das ist unsere Wanderbühne!"*

Sch: „Ja, aber Ihr spielt doch im Grunde immer die gleiche Rolle. Was glaubst, welche Qual mir das Lernen der Rollentexte bereitet!"

FB: „An Text mangelt es uns auch nicht! Wir haben zwar zwei Akte gestrichen, den Vermögensteuer- und den Gewerbesteuerakt, aber der Rest reicht auch noch für die Festspiele in Salzburg und die auf Burg Liechtenstein dazu!"

---

* Betriebsprüfungsabteilung

Sch: „Und dann noch die Gastspiele! Einmal spielst in Wiesbaden, dann in Zürich, Hollabrunn oder St. Pölten!"

FB: „Na Du, wir spielen überhaupt ‚*Das große Welttheater*', wir surfen durch die Flut der Doppelbesteuerungsabkommen* und schauen, wer, wo, was zu versteuern hat!"

Sch: „Und wie geht das?"

FB: „Schau, kommt dieser *Friseur aus Sevilla***, schaut man in das Abkommen mit Spanien, geht es um den ‚*Kaufmann von Venedig*', in das italienische."

Sch: „Aha, und wenn's Ihr die Zuckerbäckerei von der *Aida* veranlagt's, schaut's ins ägyptische! Geh, hör ma auf!"

FB: „Ja! Schwierig ist es nur immer mit den Erben von ‚*Wilhelm Tell*', weil die Schweizer in Steuersachen sehr zugeknöpft sind."

Sch: „Na und was macht's beim Orferl, dem ‚*Orpheus in der Unterwelt*', ha?"

FB: „Da schau ich gar nicht nach, weil dorthin haben wir sicher keinen Auskunftsverkehr."

Sch: „Obwohl man natürlich manchmal schon meinen könnte, Ihr seid mit denen da unten im Bunde!"

FB: „Ja, das wird immer verwechselt. Unlängst hat ein Steuerpflichtiger einen Gruppenleiter in einer Aufsichtsbeschwerde ‚*Des Teufels General*' genannt."

Sch: „Wir haben auf der Bühne immer einen Partner, dem wir ausgeliefert sind. Du hast einen wehrlosen, stummen Akt vor Dir!"

FB: „Stumm? Nur, wenn wir ‚*Die Stumme von Portici*' veranlagen, sonst prasseln auf uns die *Hoffmann'schen Erzählungen* nur so hernieder, und wir sind en suite der dramatisierten Fassung von ‚*Dichtung und Wahrheit*' ausgesetzt! Und irgendwo im Hintergrund grollt Kollege *Grillparzer: ‚Wehe dem, der lügt!*'"

Sch: „Aber wenn ‚*Die lustigen Weiber von Windsor*' Reisekosten für ‚*Eine Nacht in Venedig*' beantragen, kommt gleich das Stichwort: „stattgeben". Und ich hab glaubt, Ihr spielt's immer den alten *Schiller, ‚Die Räuber*'."

* Internationale Abkommen zur Vermeidung doppelter Besteuerung

** *Rossini*: Der Barbier von Sevilla

FB: „Schau, unser Prinzipal würde am liebsten spielen ‚*Seid umschlungen Millionen*', aber das spielt's eben nicht immer."

Sch: „Und das ‚*Rheingold*' läßt sich so schwer versilbern!"

FB.: „Wenn ich auf mein Gehaltskonto schau, hör ich ‚*Die Dreigroschenoper*'."

Sch: „Ja, Jus hama studier'n müssen! Hätten wir was ordentliches gelernt!"

FB: „Fußballer!"

Sch: „Weißt schon, was ich nachzahlen muß?"

FB: „*Die Millionen des Harlekin**."

Sch: „*Jesus Christ!*** Ich bin ja keine *Gold-Marie*!"

FB: „Blech-Marie!"

Sch: „*Ich hab kein Geld, bin vogelfrei ...!*"

FB: „Den ‚*Ring der Nibelungen*'!"

Sch: „*Banditenstreiche****!"

FB: „*Macht des Schicksals*!"

Sch: „Du ‚*Bajazzo*'!"

FB: „Ich? ‚*Ein treuer Diener seines Herrn*'!"

Sch: „Ich verschaff Dir eine Rolle im ‚*Götz von Berlichingen*', dann kannst Du Deinem Herrn was ausrichten!"

FB: „Ein ‚*Unheimlich starker Abgang!*'**** Servus."

Sch: „Das war's, ‚*Ein bürgerliches Trauerspiel ...*'.
Servus."

---

* von *Richard Drigo*

** Jesus Christ, Superstar

*** *Franz von Suppé*

**** *Harald Sommer*, ‚Ein unheimlich starker Abgang', Theaterstück.

Die Grenze des Diensteifers

Zwei miteinander befreundete Kollegen verbrachten gemeinsam ein paar Tage Urlaub in Liechtenstein. Dabei wollten sie die Gelegenheit nützen, ein Phänomen, das ihnen in ihren Steuerfällen immer wieder begegnete, in natura zu erleben: die sog. Briefkastenfirmen, Domizilgesellschaften u. ä. Und sie staunten: 8, 15, 26 und manchmal mehr Firmenschilder unter den Tafeln von Rechtsanwalts- und Treuhandbüros!

Na, das mußten sie doch „dokumentieren"!

Voll Erlebnisfieber zückten sie den Fotoapparat und knipsten drauflos, die ganze liechtensteinsche Schildergalerie.

In ihrem Entdecker-Streß bemerkten sie nicht, daß das strenge Gesetzesauge in Gestalt eines fürstlich-liechtensteinschen Gendarmen ihr Tun schon die längste Zeit mit Argwohn beobachtete.

Auch diesem wackeren Beamten wurde heiß, denn er schloß messerscharf, hier könne es sich nur um zwei Ostspione handeln!

Ein entschlossener Ruck ging durch seinen Wachkörper und mit schnellem Zugriff packte er die beiden Österreicher und lieferte sie bei seinem Postenkommandanten ab.

Zunächst wurde der Film aus der Kamera genommen. Dabei mußte man feststellen, daß der Filmtransport nicht funktioniert hatte, die ganze Spionagetätigkeit also ohne Erfolg geblieben war.

Dann begann in einem, der Schwere des Vorfalls angemessen, gewichtigen Ton das Verhör. In liechtensteinschem Ton allerdings, und da die beiden nicht aus Vorarlberg, sondern aus einem östlichen Bundesland stammten, verstanden sie kein Wort.

Mit Mühe wurden die Personalien festgeschrieben, aber auf die Frage nach ihrer „Profession" schwiegen die beiden Delinquenten verstockt.

Erst als gedroht wurde, das Fürstentum Liechtenstein werde eine Anfrage an die Interpol richten, gestanden sie, daß sie österreichische Finanzbeamte seien.

Da nickten die beiden Vertreter der fürstlich-liechtensteinschen Ordnungsmacht einander triumphierend zu: Welch ein Fang! Zwei Finanzbeamte, und Österreicher auch noch!

Flugs wurden die beiden in den „Kotter" (Gefängnis des Gerichtsgebäudes) gesteckt.

Es war Freitag nachmittag, dienstfrei im Gericht. Das Gebäude menschenleer, das Verließ lag im dunkeln. Es gruselte.

Jetzt konnte nur mehr der heilige Matthäus, Schutzpatron aller Zoll- und Finanzbeamten, helfen.

Und er half.

In den Abendstunden erschien der Zerberus vom Vormittag und eskortierte die beiden wortlos zum Bahnhof in Buchs, wo sie unter den wachsamen Augen des Wahrers der liechtensteinschen Souveränität den Nachtschnellzug in die Heimat – „nach Osten" – erreichten.

Dies war das Spiel „zur ebenen Erd'". Die Fortsetzung folgte auf diplomatischer Plattform, denn der internationale Staatenkonflikt war bereits entbrannt!

Im österreichischen Außenministerium langte eine geharnischte Note des Fürstentums Liechtenstein ein, in der – wegen Verletzung der Souveränität des Fürstentums durch zwei österreichische Finanzbeamte – Beschwerde geführt wurde.

Dieser verbale „Harnisch" wurde an das Bundesministerium für Finanzen weitergereicht, die Lanzenspitze landete in der Dienststelle der beiden „Ausflügler".

Dort lief nun der interne Verwaltungs- und Disziplinarapparat auf Hochtouren.

Ergebnis (offizielle Stellungnahme an die Oberbehörde):

Die beiden Beamten hätten aus ausschließlich privaten Gründen einige Urlaubstage in Liechtenstein verbracht. Im internationalen Tourismus sei es allgemein üblich, daß attraktive Besonderheiten in den bereisten Ländern im Bild festgehalten werden. Zu den international bekannten Attraktionen des Fürstentums Liechtenstein zähle nun einmal die Möglichkeit der steuergünstigen Niederlassung von Domizilfirmen. Im übrigen sei es beim bloßen Versuch geblieben, diese Attraktionen zu fotografieren.

Intern wurden aber die beiden verhinderten „Dokumentarfilmer" belehrt:

Auch der Diensteifer von Finanzbeamten habe seine Grenzen. In diesem Fall – die Landesgrenze.

Vielseitig

Sportlich – Musisch – Übersinnlich ... – Finanzbeamte

Das landläufige Bild, wie es Karikaturisten gerne von dem Beamten zeichnen – mit krummem Rücken beim Schreibtisch, den Kopf in den ärmelgeschonten Armen vergraben und mit dünnen Beinen an dem berühmten Sessel klebend – ist längst nicht mehr gültig.

Denn auch die beamtete Seele weiß sich außerhalb des amtlichen Territoriums ein weites Feld zu finden, in dem sie ihre vielfältige Begabung, sei es auf musischem Gebiet, sei es im sportlichen Bereich oder in vielen kleinen Hobby-Revieren, entfalten kann.

Kaum eine Finanzdienststelle, in der nicht auf Bücherschränken oder in Vitrinen die Pokale aus Tennis- oder Fußballturnieren, von Tischtennis- oder Schimeisterschaften ausgestellt sind.

(Das hartnäckige Gerücht, daß es in einzelnen Ämtern auch Schauräume gebe mit „Trophäen erlegter Steuersünder“ – wie schwarzen Buchhaltungen, Sparbüchern derselben Farbe, Anzeigen oder Kamelfellen aus Steueroasen – entbehrt jeglichen Wahrheitsgehaltes!)

Am Wiener Stadtmarathon nehmen – neben den bekannten ministeriellen Beinen – alljährlich auch 10 bis 15 Angehörige Wiener Finanzdienststellen teil.

Andere, kenntnisreiche Hobby-Historiker, klopfen in den dunklen Souterrain-Gewölben und ehemaligen Domestikenräumen des Himmelpforte-Palais vorsichtig den Verputz ab und suchen nach verborgenen Fresken und Geheimnissen aus der Zeit des Prinzen Eugen.

Auch Foto-Amateure sind sehr aktiv. Angeblich sollen in einem westlichen Bundesland Foto-Alben aufliegen mit künstlerisch wertvollen und fiskalisch nützlichen Bildern vom Steuertourismus in landschaftlich schön gelegene Oasen, versehen mit Hinweisen auf wichtige lokale Einrichtungen, wie Geldinstitute usw. ...

★

Musisch

Das musische Aushängeschild der österreichischen Finanzverwaltung ist Franz Grillparzer, der als Concepts Practikant seinen Finanzdienst begann und nach 43 Dienstjahren als Direktor des Hofkammer(Finanz-)archivs mit dem Titel eines k.k. Finanz-Hofrats in den Ruhestand trat.

Aus seinem Eingeständnis, „jeden Tag, und zwar im Amtslokale, etwas Poetisches zu arbeiten" (immerhin entstanden in dieser Zeit Werke wie „Die Ahnfrau", „Sappho", „König Ottokars Glück und Ende"), erhebt sich für uns die erschreckende Frage:

Was alles wäre wohl der Weltliteratur vorenthalten worden, hätte es – so wie 1999 – schon damals k.k. „Ethik-Richtlinien"* gegeben, die ein solches erwerbsmäßiges Tun während der Dienstzeit untersagt hätten?

Anders 150 Jahre später! Da verstand es ein Betriebsprüfer, der nebenberuflich Kriminalromane schrieb, seine literarische Neigung mit der dienstlichen Tätigkeit so zu verbinden, daß dadurch nichts an Dienstzeit verlorenging:

Alles, was er schrieb, las sich als Krimi und war – ein Betriebsprüfungsbericht.

Da las man: „überführt worden", „zur weiteren Observierung empfohlen", „Belegablage dient der Verdunkelung", „die Buchungen verschleierten", „der Prüfer wurde fündig ...", „Geständnis in der Niederschrift niederlegte ...".

Bis es eines Tages dem approbierenden Leiter zu bunt wurde. Er schmiß den Bericht zurück und vermerkte auf dem Umschlagbogen, rot:

„Und der Mörder ist immer der Gärtner!** Leider bin ich kein Gärtner!"

★

* Vom Finanzministerium erlassene Verhaltens-Richtlinien für Beamte, 1999

** Offensichtlich in Anlehnung an das bekannte Chanson von *Reinhard May*

Ein Finanzminister war es, der 1858 Johann Strauß (Sohn) zu einer bekannten Polka inspirierte, die heutzutage in fast jedem Neujahrskonzert gespielt wird.
Strauß verwendete als Motiv einen damaligen Gassenhauer

„Mir is alles ans,
ob i a Göd hab oder kans,
mir is alles ans, mir is alles ans ..."

und widmete, das ist literarisch belegt, die Komposition dem damaligen Finanzminister *Carl Freiherr von Bruck**. Die Polka ist als Champagner-Polka bekannt geworden.

★

Auch *Wolfgang Amadeus Mozart* hat etwas – wenn auch weniger Bekanntes, aber immerhin – der österreichischen Finanzverwaltung hinterlassen:

Karl Thomas Mozart, sein Sohn, trat nach seinem Musikstudium und einem Zwischenspiel als Beamter am Hofe des Vizekönigs von Neapel in die staatliche Finanzverwaltung ein und führte ab 1815 den Titel eines k.k. Buchhaltungs-Offizials.**

★

Zunächst Sachbearbeiter und später Leiter der Einbringungsabteilung der FLD Wien (einer Abteilung für Härtefälle), war in den Jahren 1962 bis 1977 ein ausgezeichneter Pianist: *Dr. Bartosch*.

Sensationell waren die Liederabende im Mozart-Saal des Wiener Konzerthauses, an denen der Finanzbeamte Dr. Alexander Bartosch den damaligen Doyen der Wirtschaftstreuhänder, Steuerberater Dr. E. Fritsch, einen beachtenswerten Baß-Bariton, am Flügel begleitete. Sensationell nämlich auch das Publikum, das den Saal füllte: die Spitzen der steuerlichen Fachwelt beider Seiten.

---

* *Carl Freiherr von Bruck (1798-1860)* verfaßte zunächst als österr. Handelsminister Pläne für einen einheitlichen mitteleuropäischen Wirtschaftsraum (!) und war 1855 bis 1860 k.k. Finanzminister.

** *Kumpf*, Die Mozarts und die Steuern.

Die regelmäßige Draufgabe des Pianisten: Beethovens opus 129, das „Rondo a Capriccio per il Pianoforte solo", besser bekannt unter dem Titel „Die Wut über den verlorenen Groschen".

Eine neutrale Geste, denn es blieb unausgesprochen, ob Dr. Bartosch damit die verlorenen Gelder seiner „Nichteinbringungsfälle" meinte oder jene der Steuerpflichtigen, die an die Finanz („verloren") gegangen waren.

In der nächsten Ausgabe eines Fachblattes war über diesen Abend abschließend zu lesen:

„Alles in allem scheint der musikalische Weg ein geeigneter, wenn auch nicht der einzige zu sein, um die Beziehungen zwischen steuerlicher Vertretung und Finanzverwaltung zu harmonisieren."

★

Finanzbeamte haben (doch) Lieder ...

Eine Unternehmerin, sehr aktiv, temperamentvoll, lernte in einer größeren Gesellschaft bei einem Heurigen in der Gegend von Hollabrunn einige Finanzbeamte kennen, und zwar – soweit sie sie schon kannte – von einer neuen Seite.

Nach einiger Zeit, in der offenbar die Zunge gelöst wurde und nach der die Stimmbänder genügend geölt waren, stimmte einer von ihnen ein Lied an. Und weil er ein Mistelbacher war – ein Kärntner Lied. Und weil ein anderer ein Kärntner war, stimmte der sogleich mit ein.

Man sang zweistimmig: niederösterreichisch und kärntnerisch.

Der Wohllaut siegte, und es wurde ein sehr herzliches, stimmungsvolles Singen.

Für die Unternehmerin eine neue, erfreuliche Seite der Finanz.

Und dennoch blieben Bedenken:

„Wenn Sie in Ihrem Beruf so gut sind wie im Singen, fürcht' i' mi'!"

Darauf erklang: „O du mei liabs Dirnderl, du ..."
Was wohl heißen sollte:
„Keine Sorge, liabs Dirnderl,
böse Menschen haben keine –
Finanzbeamte haben Lieder ...!"

★

Die Finanz von ihrer freundlichen Seite

Finanzbeamte treten nicht nur einzeln auf.

Sie kommen auch in Chorformation vor.

Nicht im Behördenaufbau des AVOG*, wohl aber im Kulturleben der Finanzverwaltung fest verankert, vereint die „Chorvereinigung Finanz", kurz „Finanzchor", „wohlklingende Stimmen der Finanz" (aller drei Instanzen) „harmonisch" mit Sangesfreudigen anderer Berufszweige, eben viele, die über den Alltag ihre Stimme erheben wollen.

Ins Leben gerufen wurde der Chor von einem Beamten des Finanzamtes in der Wiener Seidengasse, *Walter Kabela*, der ihn auch viele Jahre mit Energie, agil und sehr verdienstvoll führte und dabei ein weites Veranstaltungsfeld eröffnete.

Die „örtliche Zuständigkeit" wurde von der nachfolgenden, ebenso engagierten Leitung noch erweitert und umfaßt heute Brahms-Saal und Mozart-Saal ebenso wie den „Blauen Salon" im Finanzministerium, Stephansdom und Rathaus sowie Auftritte im Rahmen der Wiener Festwochen und karitative Auftritte in Spitälern und Heimen.

Die Chorvereinigung verschönt so manche Verabschiedung in den Ruhestand und vor allem alljährlich – auf Einladung des Präsidenten der Finanzlandesdirektion Wien – die große Weihnachtsveranstaltung im Direktionsgebäude.

Eine glückliche, „übergreifende" Verbindung von Mozart, Finanzchor, einem späteren Finanzamtsvorstand und dem Österreichischen Gewerkschaftsbund fand sich anläßlich des 70. Geburtstages von dessen Präsidenten *Anton Benya*.

Spontan, keiner der Sänger wußte noch am Vormittag, daß dem Präsidenten abends ein Ständchen „aufgesungen" werden sollte, sang der Chor abends zur Musik von Mozarts Ständchen („Liebes Mädchen hör mir zu", KV 441c Anh.) einen Text von *Otto Marek* über markante Lebenssituationen des Präsidenten und über seine Vorlieben, wie SC. Rapid, Preferencen u. v. m.

Gerührt fragte der Präsident den damaligen Chorleiter, *Kabela,* welchen Betrag man bei solchen Anlässen üblicherweise in die Chor-Kassa gebe.

Kabela hatte für solche Fragen stets eine immer passende Antwort bereit:

---

* Abgabenverwaltungsorganisationsgesetz

„Herr Präsident werden sicher einen Betrag finden, der zwischen Verstimmen und Verwöhnen liegt."

Übrigens eine Gagenforderung, die auch heute noch „gängig" ist.

Und bei keinem Konzert versäumt es der Moderator, das Publikum darauf hinzuweisen, daß es jetzt Gelgenheit habe, die Finanz von einer anderen, ihrer freundlichsten Seite zu erleben.

★

Übersinnliches

So gar nicht auf sportlichem Gebiet und nicht in den Gefilden der schönen Künste, sondern in einem extrem anderen Bereich, manche sagten im „Übersinnlichen", zeigte eine Wiener Betriebsprüferin ihre außergewöhnliche Begabung.

Sie verstand sich auf das Erstellen von Horoskopen und auf den Gang des Pendels. Demgemäß war sie eine gefragte Kollegin und stets bemüht, über mögliche „anstehende" Beförderungen, Gallensteine und Liebesdinge Auskunft zu geben.

Sie prüfte ein Unternehmen mittlerer Größe in Niederösterreich. Nach zwei, drei Wochen täglichen Zusammentreffens mit dem Unternehmer ergaben sich naturgemäß auch Gesprächsthemen außerhalb von Buchhaltung und Steuern. Eines Tages klagte ihr der Unternehmer, daß er und seine Frau unter ständigen Schlafstörungen litten.

Sogleich war die Prüferin bereit, das Schlafzimmer „auszupendeln". Nach zwei nicht befriedigenden Versuchen, bei denen jedesmal das Schlafzimmer total umgestellt werden mußte, wurde endlich die richtige Position der Betten gefunden. Allerdings war dabei in Kauf zu nehmen, daß die Schlafzimmertüre nur mehr einen schmalen Spalt zu öffnen war, durch den man sich zu den Betten zwängen mußte.

Nach Beendigung der Betriebsprüfung meinte die Prüferin beim Verabschieden so nebenbei:

„Bei Gelegenheit können Sie ja die Tür versetzen lassen."

Einige Zeit später traf sie zufällig den Steuerpflichtigen in Wien.

Und der mußte zerknirscht bekennen, daß die Betten wieder auf ihren alten Plätzen stehen.

Die Prüferin entsetzt: „Na, – und wie schlafen Sie jetzt?"

Der Steuerpflichtige kleinlaut: „Seit Sie weg sind, sehr ruhig."

Und im Ruhestand ...

Wer in einen pulsierenden Betrieb, in Abläufe ständig wechselnder Situationen und Herausforderungen eingegliedert ist, vermag nicht an einem willkürlich gesetzten Datum jäh anzuhalten und stillzustehen.

Das gilt auch für viele, die vierzig und mehr Jahre in der Finanzverwaltung durch die verschiedenen Abteilungen, Ämter und Dienststellen surften und dem ständigen Spannungsverhältnis Vollziehung – Realität des Lebens ausgesetzt waren.

Ruhestand?

Sehr oft werden nur Weichen gestellt und der Motor läuft auf anderen Gleisen weiter. „Ruhestand“ ist daher eine sehr unzutreffende Benennung. Man inskribiert Ägyptologie, Arabisch, Kunstgeschichte, geht in den Steuerombudsdienst oder man schreibt – will man den Übermut auf die Spitze treiben – ein Buch.

Der wegen seiner gemütlichen Art so beliebte frühere Dienststellenleiter der Großbetriebsprüfung, Hofrat Felix Wache, erklärte einmal in seinem „Ruhe“-stand, er könne sich gar nicht mehr vorstellen, wie er jemals Zeit haben konnte, in den Dienst zu gehen!

Ebenfalls auf ein anderes „Gleis“, wenn auch auf ein nahezu parallel geführtes, wechselte Prof. Min. Rat Dr. Ph., der sich schon im Bildungszentrum der Finanzverwaltung* den Titel „Mr. Gewerbesteuer“ erworben hatte und dessen Name geradezu als Synonym für zwischenstaatliches Steuerrecht und Gewerbesteuer galt. Er setzte seine Vortragstätigkeit in anderem Rahmen, u. a. auch am WIFI, fort und war dort für die Ausbildung der Bilanzbuchhalter im Bereich Steuerrecht verantwortlich.

Fallweise bediente sich der Professor auch eines „Subvortragenden“ aus der Finanzverwaltung. Er engagierte per Handschlag, gab sein Honorar 1:1 weiter und verlangte für die technische und organisatorische Abwicklung lediglich die Telefonnummer und die Kontonummer des so Verpflichteten.

---

* ehemals Bundesfinanzschule

Das funktionierte reibungslos: Das Geld war stets pünktlich auf dem Konto.

Einmal aber stockte der Geldfluß über einen längeren Zeitraum.

Urgenz? Wäre unpassend.

Dann jedoch, zum Jahresende, kam der Anruf des Professors:

„Ich habe schon dreimal das Honorar auf Ihr Konto überwiesen und es kommt immer wieder zurück! Was ist da los?!"

Gegenfrage: „Bitte, Herr Professor, wohin haben Sie es denn überwiesen?"

Die Antwort: „Na wie immer auf Ihr Konto 5455640!"

„Aber Herr Professor, das ist ja meine Telefonnummer!"

Darauf: „Na bitte! Ich habe des öfteren – allerdings vergeblich – unter 81276 angerufen!"

Jetzt die alles aufklärende Feststellung:

„Das, Herr Professor, ist meine Kontonummer!"

Nach dieser Richtigstellung funktionierte der „Geldfluß" wieder wie eh und je.

In der Einbringungsstelle*

Die Einbringungsstellen zählen zu den Amtsstellen mit der größten Streß-Belastung.

Die Arbeit bewegt sich dort in einem ständigen Spannungsfeld zwischen echten Härtefällen, existentieller Not einerseits und mit einfallsreicher Schauspielkunst vorgetäuschter Zahlungsunfähigkeit bis zur notorischen Zahlungsverweigerung andererseits. Und hinter jedem Fall die Frage: Zu welcher Kategorie gehört der jetzt?

Das Beamtengemüt, all dem tagtäglich ausgesetzt, erfährt damit eine dementsprechende Prägung, und es entstehen mehrere Grundtypen von Vollstreckungsbeamten:

Der mit der angewachsenen Elefantenhaut:

Unbewegt trotzt er dem überschäumenden Redeschwall seines Gegenübers.

Er schaut. Seinen Blick unverwandt auf einen Punkt im Raum gerichtet. Lange und tiefsinnig. Dann – in einer Pause, wendet er sich dem andern ruckartig zu und sagt nur ein Wort: „Nein."

Der Verbindliche:

Sein Wortschatz erschöpft sich in: „Ja, ja – Ich versteh' – Schrecklich! – Ja, natürlich." – Und schließlich, ein rasches: „Es tut mir leid, ich kann Ihnen nicht helfen."

Der Philosoph:

„Schau'n S', Sorgen hama alle. Schau'n S', zahln müssma alle. Schau'n S', das Leben ist halt schwer. Bei dem Rückstand müßt' ich Ihnen 200 Raten geben.

In Ihrem Alter! Denken S' nach. Das Leben ist kurz!"

Der Resolute:

„Wenn Sie glauben, Sie spü'n Ihna so lang mit mir, bis i' Ihna die Steuer zahl', hab'n S' Ihna täuscht! Die Heilsarmee ist in der Liechtensteinstraße!"

---

* Zuständig für die Erledigungen von Raten- und Stundungsansuchen sowie für Exekutionsmaßnahmen.

Der Ideenreiche:

„Am besten, Sie wenden sich an den Steuerombudsmann oder – Sie schreiben gleich an den Minister!"

(Dieser Kollege macht die meisten Erledigungen pro Tag.)

Und schließlich der Abgebrühte:

In einem westösterreichischen Finanzamt die folgende Szene: Ein in Jahrzehnten seiner Tätigkeit hart-gegerbter Vollstrecker und ein Steuerschuldner mit einem Rückstand in astronomischer Höhe.

Der Steuerschuldner beschwört den Vollstrecker, den unbezahlbaren Rückstand zu erlassen.

Der Vollstrecker: „Kann i' net."

Steuerschuldner: „So seien Sie doch ein Mensch!"

Vollstrecker: „Na, bei dem Rückstand, hört si' des auf!"

Der Steuerpflichtige schildert noch einmal ausführlich seine schlechte finanzielle Lage.

Der Vollstrecker bleibt ungerührt.

Nun klagt ihm der Steuerpflichtige seine private Misere: Von der Ehefrau verlassen, Vater zweier mißratener Töchter, sogar sein Hund sei ihm abhanden gekommen.

Der Vollstrecker zeigt keine Wirkung.

„Dann bring' ich mich um!"

Vollstrecker: „Glabst, in da Höll is be'ser?"

★

Aus dem Posteinlauf

Die Einbringungsstelle ist die Stelle mit dem größten Posteinlauf.

Und der bietet ein breites Spektrum von „Outings" aller sozialen Schichtungen und aller Temperamente. Auch sprachlich wie orthographisch werden alle denkbaren, mehr noch die undenkbaren (nicht reizlosen) Möglichkeiten ausgeschöpft.

★

„Sehr geehrtes Finanzamt!

Bitte behandeln Sie meinen Rückstand milde. Ich werde mich sehr anstrengen, daß ich ihn kleiner kriege. Aber ich werde von ihm nicht ganz loskommen. Ich bin eine finanziell sehr schwache Frau. Darum meine Bitte: lassen Sie mir den Rest ..."

★

„An die Vollstreckung,

Herrn Referenten für die minderbemittelten Steuerzahler!

Wie ich es fürchtete, und gewissenhaft vorausgesagt, kann ich diese Rate wieder nicht einhalten. Ich weiß, was da passiert. Aber bitte vermeiden Sie es! Denn erinnern Sie sich, die Höhe der Raten haben Sie bestimmt und Ich soll sie zahlen! Das nächste Mal umgekehrt! Dann wird es gehen! ..."

★

„An die Schuldeneintreibung, Finanzamt!

Entschuldige mich der schlechten Steuerleistung wegen rheumatischer Schmerzen des Gliedes, habe ich auch häuslichen Zwist und Ärger, die mir jede Lust auf Steuer und Zahlung nehmen."

★

„Wenn no ana von Euch zu mir kommt und Geld will, dann verkauf ich die Hüttn, dann habts Ihr nämlich gar nichts, aber ich hab mei Ruh!"

★

„Liebe Damen und Herren der Exekution!

Der Vollstrecker hat gesagt, daß ich von ihm erst in Ruhe gelassen werde, wenn ich um Raten ansuche. Ich suche jetzt um Raten an. Im Monat um 1.000 S.
Die ich aber nicht zahlen kann.

Sehr hochachtungsvoll bittet das zu verstehen

Rosa K.

P.S. – Ich habe auch eine sehr teure Stempelmarke gepickt!"

★

„Auf Ihre vorgehaltene Frage vom 23. 3. 1994, wovon ich lebe:

Von meiner Freundin, meiner Mutter und deren unehelichem Mann (man sagt Lebensgefährte). Außerdem von gelegentlichen Reparaturen, wenn die Leute mir ihre Uhren bringen, Wasserhähne tropfen oder bei einem Vogelhäusl das Türl klemmt. Das muß ich aber nicht versteuern, denn das ist das Minimum meiner Existenz!

Ich hoffe, Sie sehen ein, daß ich den Betrag, den Sie von mir fordern, nie bezahlen werde können! Schicken Sie mir aber keine Exekution, denn alles, was ich besitze, gehört von rechtswegen nicht mir! Wenn Sie aber Arbeit in Ihrem Amte haben, lassen Sie es mich wissen. Ich mache alles. Auch vertretungsweise! Gegen Gutschrift!

Mit Hochachtung"

Ing. a. D. Franz G.

★

Ein Schuldner – mit Geduld

„Sehr gehrtes Vollstreckungsamt!

Diesmal kann ich Ihnen leider noch nichts zahlen. Ich verbleibe sehr ergeben und geduldig bis zu Ihrer nächsten Aufforderung.

Hochachtungsvoll"

K.B.

★

„Hochgeschätztes Amt!

Unvernünftigerweise habe ich mich nicht informiert, daß der Rückkauf von Lebensversicherungen, trotzdem man glaubt, für alles versichert zu sein, hohe Steuerforderungen mit sich bringt.

Als ich Ihre pauschale Nachforderung erhielt, war ich zutiefst deprimiert. Meine Frau ignoriert mich ob meines Finanzdebakels.

Wenn Sie die Forderung etwas absenken könnten, wird sie vielleicht wieder mit sich reden lassen. Es ist trostlos, wenn sich die eigene Frau einem verschließt.

Ich hoffe auf Ihr Verständnis für meine Lage und ihre Hilfe
mit Hochachtung"

Karl G.

★

„An die höchlöbliche Exkommunikation im Finanzamt

Schicken Sie mir bitte keinen Exekutor!

Ich bitte hiermit um Vergebung meiner Schuld. Ich kann sie wirklich nicht tilgen. Ich weiß nicht, wie das über mich gekommen ist. Plötzlich war ich so stark rückständig, bin mir aber nichts Bösen bewußt!
Glauben Sie mir, ich büße genug!
Immer, wenn es läutet, glaube ich, Sie sind es!
Und wenn Sie es nicht sind, sondern der Briefträger oder meine Frau, dann spüre ich auch keine Erleichterung. Denn mit denen kommt auch oft ein schweres Schicksal.

Ich kann mich nur Ihrer Barmherzigkeit empfehlen!

Erbarmungswürdig"

Ihr Joseph K.

★

„Ich weiß nicht, wie das kommt, daß Sie mir immer eine höhere Steuerschuld vorschreiben und auch die Bezahlung fordern. Als Frau bin ich in dieser Männerwelt zu wenig informiert! Der Exekuter hat gesagt, ich soll mehr verdienen. Ich mache eh alles, was mein schwacher Körper noch kann. Aber den Exekuter laß ich nicht mehr zu mir!

Ich hatte voriges Jahr eine Gallensteinoperation. Das war schwer genug. Der Stein war groß wie ein Strauß-Ei. Aber die Steuer von Ihnen ist noch schwerer.

Ich hoffe, Sie sind mir geneigt, und gewähren meine Bitte.

Mit lieben Grüßen"

Trude B., alleinstehend.

★

Im Steuerombudsdienst eingelangt:

Der Minister Klima
hat ja kan Schimma,
wia's uns Klanen geh-tuat,
wia's Steuerzahln weh-tuat!

★

Einbringung im Außendienst

Visumzwang für Simmering

Ein Vollstrecker des Finanzamtes für den 3. und 11. Bezirk in Wien hatte auf seiner „Gangliste" einen säumigen Schausteller, wohnhaft in Wien 11, Hasenleitengasse-Siedlung.

Der Beamte begibt sich, etwas schwer atmend, in den zweiten Stock des Gemeindebaus und klingelt.

Die Tür wird geöffnet und vor ihm steht der säumige Steuerzahler: riesig, ein Ruderleiberl spannt sich um einen fast dreiteiligen Brustkasten.

Der Riese schaut auf den Vollstrecker von minderer Statur, mit einem Ausdruck fast kindlicher Verwunderung herunter und läßt die Hosenträger in schöner Regelmäßigkeit – einmal links und einmal rechts – schnalzen.

Der Vollstrecker setzt jetzt zum zweiten Mal zu seinem Amtsprücherl an.

Der Riese, unbeeindruckt, so als hätte er nichts gehört, kommt einen Schritt näher. Sein vorgewölbter Bauch ist jetzt in Augenhöhe des Beamten.

Der Riese pfaucht, verdächtig ruhig und sehr gedehnt:

„Host a Visum?"

In diesem Augenblick taucht im Hintergrund des Vorraumes eine kleine, zarte Frau auf und herrscht den Riesen an:

„Ferdl! Gib a Ruah!"

Der Riese verschwindet.

Die Frau zum Vollstrecker:

„Was kriag'n S' denn, liaber Herr?"

Der Vollstrecker zückt sein Quittungsbuch und ist erfolgreich.

Dann aber landet er in einem kleinen „Tschocherl"* auf der Simmeringer Hauptstraße, läßt sich in einen zerschlissenen Plüsch-Fauteuil neben der Musikbox fallen und drückt F 12. Und da hört er: Wolfgang Ambros, „Du bist die Blume aus dem Gemeindebau" ...

★

* kleines, sehr einfaches Vorstadt-Café

Und bei unserem nördlichen Nachbarn auf bayerisch ...

Anläßlich eines Treffens österreichischer und bayerischer Finanzbeamter erzählte ein „Vollzieher“ (= österr. Vollstrecker) von einer Amtshandlung in Schwabing; Vollziehung bei einer Prostituierten.

Zwei Vollzieher machen sich auf den Weg.

Als sie zur angegebenen Adresse kommen, hängt da an der Tür eine Papptafel:

„Bin wieder in 45 Minuten nachher zu sprechen.“

„Teifl, was tuast hiaz in de damischen 45 Minuten, de damischen?“

„Na, in die nächste Wirtschaft auf a, zwoa Bier!“

Nach einigen Maß hat der eine einen Termin im Amt, der andere – die 45 Minuten sind um – probiert es ein zweites Mal bei der Dame.

Jetzt wird geöffnet.

Der Vollzieher wird gleich mit einem „Schatzi kumm nur“, in die gute Stube, ein plüschiges Boudoir, geschoben. Liebevoll wird er aus dem Sakko geschält, und wie beide, so im Handumdrehen, schon auf dem Sofa sitzen, wird die Dame kurz sachlich:

„Aber gell, zerscht mach ma das Finanzielle, gell ja?“

„Ja freili“, stimmt der Vollzieher erfreut zu, „deswegen bin i ja da!“, und zeigt der Dame seine Dienstmarke.

Um es vollständig zu erzählen: Die Dame gewann wieder Haltung, blieb freundlich und willig – zahlungswillig.

Was jeder verstehen wird: Diese Härte im Dienst verdiente sich aber dann ein paar Maß im Schatten.

★

Mit Herz!

Den folgenden Brief erhielt eine Mitarbeiterin in der Einbringungsstelle eines Wiener Finanzamtes:

„Hochgeschätzte Dame, leider im Finanzamt!

Mein Gott, wie müssen Sie mich lieben! Brief auf Brief flattert von Ihnen zu mir. Und immer drängender! Und ich benehme mich wie ein Scheusal! Erhöre Ihr Drängen nicht.

Aber sagen Sie mir, muß es immer Steuer sein?

Ich übersende Ihnen mit diesem Brief mein Herz. Legen Sie es zu Ihren Füßen und vergessen Sie alles andere!

Beständig der Ihre!"

K.-H. W.
Akad. Kunstmaler

Der Vollstrecker, der schließlich doch den Kunstmaler aufsuchen mußte, vermerkte:

„Keine pfändbaren Gegenstände feststellbar.
Außer Gegenständen des notwendigen Gebrauchs nur halbfertige Bilder und Skizzen nackter Frauen, die aber als solche nicht erkennbar sind."

Als die Beamtin kurze Zeit später in den „wohlverdienten Ruhestand" trat, überreichte ihr der Amtsvorstand eine Kopie dieser „Liebesbezeugung" mit Seltenheitswert:

„... zur Erinnerung an Ihren abwechslungsreichen und bewegten Dienst in der Einbringungsstelle ..."

Familienbei-Hilfe-Rufe

Aufklärungsbedürftig

„Hochlöbliches Finanzamt, Damen und Herren!

Mit der Kinderbeihilfe putzt sich meine Frau auf und ladet ihre Freundinnen zum Tratschen mit Kaffee und Aida-Kuchen ein.

Das Kind und ich kriegen nichts. Sie hat vergessen, daß ich auch zum Kind beigetragen habe (Kind ist erst 7 Jahre).

Bitte klären Sie meine Frau auf, wie sie mit der Familie umzugehen hat, beihilfenmäßig.

Hochachtungsvoll" Engelbert K.

★

Für klare Verhältnisse

„Mein Freind, der Wagenberger Lois, hat eine falsche Vorstellung von der Kinderbeihilfe glaub ich. Er hat mit meiner Frau ein Kind gemacht.

Eine außereheliche Befruchtung sagt er.

Und glaubt, jetzt kriegt er die Kinderbeihilfe.

Ich glaube nicht.

Was sagt die Finanz?

Bitte sagen Sie es schnell. Denn ich bin für klare Familienverhältnisse.

Das Kind ist bei uns. Weis aber nichts davon."

Gregor D.

★

Die Erzeugung von Schnaps ist eine andere als die von Kindern

Eine Geschichte, die einem im Zusammenhang mit Anträgen auf Kinderbeihilfe immer wieder erzählt wird, einmal mit einem ehemaligen Finanzminister als Mit-Akteur, einmal mit einem einfachen Finanzbeamten.

Hier sei der letzteren Version der Vorzug gegeben.

An ein Bauernhaus im oberösterreichischen Mostviertel klopft am späten Nachmittag ein Beamter der Steueraufsicht. Er habe einen Nachschau-Auftrag zur Klärung der Steuerpflicht wegen Schnapsbrennerei durchzuführen.

Der Bauer erklärt, daß er schon seit Jahren keinen Schnaps brenne, und zeigt die verstaubten, sichtlich nicht im Betrieb befindlichen Brennvorrichtungen.

Das Steueraufsichtsorgan belehrt den Bauern, daß die Steuerpflicht nicht erst mit dem Brennvorgang eintritt, sondern allein schon mit der Tatsache, daß die Brennvorrichtung dafür vorhanden ist.

Am nächsten Tag erscheint der Bauer in der Familienbeihilfenstelle des Finanzamtes und beantragt eine Beihilfenkarte für ein Kind.

Der Beamte, der den Bauern näher kennt, fragt:

„Ja spinnst Du? Du hast doch gar keine kleinen Kinder!“

Der Bauer: „Aber die Vorrichtung dafür hab ich!“

Die Einlaufstelle

So unentbehrlich die Tätigkeit in der Einlaufstelle ist, so wenig bedankt ist sie.

Kaum, daß sie in einem der zahlreichen Konzepte organisatorischer Neugestaltungen erwähnt wird.

Nicht nur, daß die dort tätigen Bediensteten zu Multi-Sprachtalenten heranreifen – ein Mitarbeiter ertappte sich dabei, einem Kollegen vom Haus, der versehentlich seinen Kugelschreiber mitnehmen wollte, nachzurufen: „Du Kuli dalassen!" –

Nicht nur, daß sie über ein hervorragendes geographisches Gedächtnis verfügen müssen, um die Parteien in die richtige Richtung – Stockwerk, Zimmer des richtigen Referenten – zu dirigieren, und auch, um sich im dichten Wald der unzähligen Vordrucke zurechtzufinden.

Sie müssen auch von ungeheurer Standfestigkeit sein: Sind sie doch die vorderste Frontspitze des Amtes, an die die Welle des Steuerunmutes der Parteien unentwegt anbrandet.

Alles, was die Steuerbürger „schon längst" dem Bundeskanzler, dem Minister und überhaupt „denen da oben" sagen wollten, laden sie hier ungebremst ab.

Verständlich, daß so mancher Bediensteter der Einlaufstelle sich um eine andere Verwendung bemüht.

Auch der Leiter einer solchen Stelle in einem Wiener Finanzamt wurde deswegen bei seinem Vorstand vorstellig:

Der Amtsvorstand versuchte zu beschwichtigen, lobte die Arbeit und unterstrich die Wichtigkeit der Einlaufstelle.

Schließlich klopfte der Vorstand, ein gewiefter Personalist, seinem Mitarbeiter auf die Schulter und beschloß das Gespräch mit einem:

„Es gibt keinen Besseren als Sie."

Das aber ist ein Prädikat, bei dem der Beamte sich um mindestens 20 cm größer fühlt und den geradezu missionarischen Entschluß faßt, sich noch mehr seiner Arbeit hinzugeben.

Und so begab sich der Hochgelobte wieder in den „Einlauf".

Nicht ohne stillen Protest:

Am Morgen des 30. Dezember 1988 überklebte er sein über dem Schalter prangendes Schild „Einlaufstelle“ mit einem Streifen:

„KLISTIERSTELLE“

Diese medizinische Bezeichnung für eine – (wie auch immer gemeinte) – wie gesagt, wenig bedankte Tätigkeit hielt sich vom 30. Dezember 1988 bis 3. Jänner 1989.

Der Steuerzahler

„Wer liebt zum Beispiel auf dieser Erden,
ich will mal sagen, die Steuerbehörden?
Besonders tief und voll Empörung
fühlt man die pekunäre Störung!
Ach, seines Glückes genießt doch nie,
wer zahlen soll und weiß nicht wie!"

(W. Busch)

Die Steuer

Steuererfindung – Steuervermeidung – Steuerflucht

In einem Vortrag, in dem das Phänomen „Steuer" von mehreren Seiten – und nur zum geringeren Teil fachlich – betrachtet wurde, zitierte der Vortragende eingangs Heinrich Heine, der in einem erdachten Gespräch zwischen Dichter und Philosoph den Dichter sagen läßt:

„Gott hat an vieles gedacht. Er hat die Blumen, die Tiere, den Menschen geschaffen, aber vergessen, das notwendige Geld mitzuerschaffen!"

Darauf der Philosoph:

„Weißt Du denn nicht, daß Gott damals Geldsorgen hatte? Er mußte sich vom Teufel Geld borgen und ihm dafür die Welt als Hypothek verschreiben."

Der Vortragende ergänzt:

„Und die Zinsen für diese Hypothek? – Das sind die Steuern, die Gottes Geschöpfe ein Leben lang zahlen!"

So also kam die Steuer auf die Welt.

Und viel jünger ist sie ja wirklich nicht.

Seither kann man die Geschichte der Menschheit – aus fiskalischer Sicht – in Perioden gliedern, in denen sich die Steuerunterworfenen mit der jeweils auferlegten Steuerlast nur schwer, und in solche, in denen sie sich damit überhaupt nicht abfinden konnten.

Die Geschichte der Steuer sei eine Kriegsgeschichte meint Parkinson*.

Und nicht unberechtigt sagt man, daß die Vereinigten Staaten von Amerika ihre Entstehung einem spontanen Steuer-Protest verdanken, bei dem Bostoner Bürger, als Indianer verkleidet, ein mit Tee beladenes Schiff der Ostindischen Handelsgesellschaft stürmten und aus Protest gegen die englische *Teesteuer* die Ladung über Bord warfen („Bostoner Teaparty", 16. 12. 1773). Der damit beginnende amerikanische Unabhängigkeitskrieg führte schließlich zur Verselbständigung der damals 13 englischen Kolonien.

---

* *Parkinson*, ... Alles von unserem Geld, ECON – Verlag Ges.m.b.H, Düsseldorf.

Aber auch gewisse historische Verdienste der Steuerbehörden sollen nicht unerwähnt bleiben. So wurde bekanntlich einer der größten Gangster in der Geschichte Amerikas, der Bandenchef Al Capone, dem man 1925 46 Morde und im Jahr darauf 64 zugeschrieben hat, 1931 vor Gericht gestellt und zu 11 Jahren Gefängnis verurteilt. Nicht wegen Mordes, sondern deshalb, weil er 1924 bis 1929 keine Einkommensteuererklärungen abgegeben und keine Einkommensteuer bezahlt hatte. Die Morde konnten ihm nicht nachgewiesen werden, wohl aber Steuerschulden in Höhe von 215.000 $ und 48 Cents*.

So einfach die Steuer auf die Welt auch gekommen war, so heftig hat sie sich in vielen und vielerlei Kindern und Kindeskindern vermehrt.

Indem nämlich der Geldbedarf ein unentwegt steigender war, hatten sich die Steuerpotentaten ein sog. „Steuerfindungsrecht“ genehmigt. Und schon waren phantasiebegabte Steuer-Erfinder emsig am Werk.

Ihr Einfallsreichtum war schier unbegrenzt.

Berüchtigt die Steuer Vespasians auf öffentliche Bedürfnisanstalten, und überraschend, wenn man hört, daß die nicht weniger anrüchige *„Sitz-und Standsteuer“*, die für „Sitzaborte“ und „Pissoirs“ (nach Laufmeter der „Pißwand“) zu entrichten war, noch 1961 in Wien beheimatet war.

Ausgesprochen „dirigistisch“ und in dieser Hinsicht dem heutigen Steuersystem nicht unähnlich, war die „Bartsteuer“, die Zar Peter allen auferlegte, die entgegen der westlichen Mode, von den alten russischen Rauschebärten nicht lassen wollten.

Und dazu kam noch eine ganze Menge: Die *Lüsternheitssteuer* auf Kosmetika, Samt und Spitzen, die *Klavier-, Singvogel- und Hundesteuer.* Überraschend lange hielt sich die *„Fräulein- oder Jungfersteuer,* auch „Brautvieh“ genannt, die noch bei der Vermählung Maria Theresias eine Rolle spielte. Leicht zu administrieren war die französische *„Fenster- und Türensteuer“*, die von der Straße überprüft werden konnte, während in Wien die *„Stockwerkssteuer“* dazu führte, daß man sich mit „steuerumgehenden“ Bezeichnungen zu behelfen wußte: „Souterrain“, „Parterre“, „Hochparterre“, „Mezzanin“, sodaß beispielsweise

* *Parkinson,* ... Alles von unserem Geld, ECON – Verlag Ges.m.b.H, Düsseldorf.

ein Gebäude mit fünf Etagen schließlich nur einen Stock steuerlich wirksam auswies.

Ein „berühmter" Steuererfinder war ein Wiener Finanzstadtrat und späterer Wiener Bürgermeister, dem die Erfindung der *„Luftsteuer"* zugeschrieben wird, die auf allem lag, was in den freien (offenbar der Gemeinde Wien gehörigen) Luftraum hinausragte, wie Steckschilder u. ä.

Schon der biblische Obersteuereinnehmer, der heilige Zacharias, wies auf die Leistungsfähigkeit als Maß der Steuerbelastung hin: „Wie das Kamel, so die Last!"

Und auf einem Kalenderblatt liest man:

„Die Kunst der Besteuerung besteht darin, die Gans so zu rupfen, daß man möglichst viele Federn bei möglichst wenig Geschrei erhält."

Eine Kunst, die sich, im mitteleuropäischen Raum zumindest, noch nicht durchgesetzt hat, ja nicht einmal als Kunstgattung anerkannt ist. Wobei man nicht weiß, ob es an den „Rupfern" oder an den „Gänsen" liegt.

„... dann hat er mir die Hand gedrückt,
der Bürgermeister Lueger, ...*
dem braven Steuerträger ..."

(Aus einem Wiener Lied)

Der „brave Steuerträger" ist steuer-träge geworden, und die Steuer-Erträge wurden knapp.

Vielartige Strategien der *Steuervermeidung*, des *Steuerwiderstandes* und der *Steuerflucht* wurden mobilisiert ...

★

Steuervermeidung

Ein Geschäftsmann in einer der „dafür" bekannten Branchen fragt einen Kunden, der ihm nicht näher, vor allem nicht als Finanzbeamter, bekannt ist:

„Brauchen S' a Rechnung?"

Der Finanzbeamte:

„Ich nicht, aber Sie ...!"

★

* *Dr. Karl Lueger*, Wiener Bürgermeister 1897 – 1910

Eine der bekannten Methoden zur Steuervermeidung wirkte ausgesprochen ehefördernd und trug, wie man von einem amerikanischen Kongreßabgeordneten hörte, nicht nur zur Beständigkeit der US-Ehen, sondern auch zur Hebung der Attraktivität der dazugehörigen Ehefrauen bei:

Haben früher Geschäftsreisende ihre amoralisch mitreisenden Sekretärinnen aus Gründen der Moral als Ehegattinnen ausgegeben, so scheinen heute ihre mitreisenden Ehegattinnen aus Gründen der Steuerersparnis als Sekretärinnen auf.

★

Steuerwiderstand
(Gebrochen!)

Der Unternehmer, in einem Anfall von hochgradigem Steuerunmut, zur Sekretärin (fast schreiend):

„Der nächste, der da von der Finanz kommt, fliegt hochkantig raus!"

Kurze Zeit später meldet die „Vorzimmer-Dame", es sei jemand von der Finanz da.

Der Unternehmer stürzt förmlich in den Vorraum hinaus.

Vor ihm steht – sehr jung, sehr hübsch, mädchenhaft zart – eine Dame und flötet:

„Betriebsprüferin M ..., ich bin beauftragt ..."

Weiter läßt sie der Unternehmer nicht kommen.

„Ja mei, na so was, so was Liabs, Jungs, kommt zu mir?!"

Die Prüferin ist verunsichert; glaubt, der Steuerpflichtige ist im Begriff, ihren Besuch falsch zu verstehen, und wiederholt, daß sie mit einer Betriebsprüfung beauftragt sei.

Der Steuerpflichtige:

„Weiß schon. Wissen S', ich hab nämlich grad furchtbar g'schimpft über die Finanz. Aber wenn s' mir so daherkommt ...! Bitte, kommen S' weiter! Einen Kaffee?"

★

Geschlechtsspezifisch nicht möglich!

„An das Finanzamt, Steuerveranlagung.

Sie meinen wohl, ich bin eine Melk-Kuh!

Sie irren. Ich bin stier. Von mir haben Sie nichts zu erwarten!"

★

Steuerflucht

„In die Wüste!

Ich bin Unternehmer und beschäftige 47 Arbeitnehmer. Wenn ich die Steuer zahlen muß, die Sie mir vorgeschrieben haben, schicke ich alle 47 in die Wüste! Und Sie hinterdrein, damit Sie sehen, wohin der Fiskus die Wirtschaft treibt!

Und mich sehen Sie auch nicht mehr!

~~Hochachtungsvoll"~~ (eigenhändig gestrichen!)

★

„Dort is von Euch kana da!"

Diese Postkarte eines (bisher) freiberuflich Tätigen flatterte in sein Stammreferat im Finanzamt für den 1. Bezirk in Wien:

„Jetzt – wo i ins Verdienen kumm,
da zahl i mi grün und krumm!
Vielleicht werd' i sogar no reich!
Da ist nicht meines Bleibens in Österreich.
Und fragt wer nach'n Grund:
die Steuer is a Hund!
Aber dort in CANADA –
is von Euch kana da!
Es blutet mir das Heimat-Herz,
doch steuerlich zieht's mich anderwärts.
Mei Frau, die laß ich Euch zurück,
sie ist ein liebes, aber altes Stück.
Alle andern Vermögenswerte sind schon in Übersee.

ADEE!"

★

Manche aber bekehren sich und kehren um

Da traf im Finanzamt Melk, Abt-Karlgasse, eine Ansichtskarte von Mariazell, Österreichs berühmtesten Wallfahrtsort, mit folgendem Text ein:

„Liebes Finanzamt!

Wir haben heute bei unserer Bußwallfahrt nach Mariazell unsere ‚Finanz-Sünden' abgebüßt. Wir hoffen, daß wir jetzt quitt sind.

Viele liebe Grüße"

– zehn Unterschriften –

Vom Steuerpflichtigen zum Steuerzahler

Schaut ein Finanzbeamter zum Fenster hinaus, was sieht er da? Er sieht *unbeschränkt* Steuerpflichtige und *beschränkt* Steuerpflichtige.

Unbeschränkt Steuerpflichtiger kann man auf sehr natürliche, ja geradezu biologische Weise werden: Setzen unbeschränkt steuerpflichtige Eltern im Inland ein Kind in die Welt, ist das Neugeborene – eh sich 's versieht – auch schon unbeschränkt steuerpflichtig.

Die „Beschränkten" (die keinesfalls geistig minderbemittelt sein müssen), sind eher geographisch gruppiert und genießen das Privileg, nur ihre inländischen Einkünfte in Österreich versteuern zu müssen. Sie haben weder Wohnsitz noch einen „gewöhnlichen Aufenthalt" im Inland und dürfen, soll ihr Privileg halten, nicht länger als 182 Tage in Österreich bleiben. Eine steuerliche Wesentlichkeit, die sich aus nahezu jedem Konzert- und Bühnenvertrag, aus Lehr- und Vortragsaufträgen mit Akteuren, die von Lugano, Zürich, Monaco u. ä. anreisen, mühelos ablesen läßt.

„Gewöhnlicher Aufenthalt" trifft übrigens nur ungenügend die harte Realität. Denn auch die Tage eines *„ungewöhnlichen Aufenthaltes"* – freiwillig oder unfreiwillig – werden in die 182 Tage eingerechnet. Wer also mehr als sechs Monate in einem inländischen Gefangenenhaus „einsitzt", hat problemlos die unbeschränkte Steuerpflicht „ersessen". (Damit ließe sich auch so mancher Häftlingsausbruch knapp vor dem 182. Tag des unfreiwilligen Aufenthaltes erklären.)

Nicht jedem Steuerpflichtigen gelingt es, ohne entsprechende Nachhilfe des Finanzamtes zum Steuerzahler zu werden.

Zunächst wird einem aus meist heiterem Himmel, aber zur Ungunst der Stunde – oft schwer zu verstehen, aber doch – zu verstehen gegeben, daß man in einen „Tatbestand" hineingeraten sei und sich daselbst als Subjekt „verwirklicht" habe, woran das Gesetz die Steuerpflicht „knüpft". Damit ist man als sog. „Steuersubjekt" gestempelt und gebrandmarkt.

Der weitere Weg zum Steuerzahler ist daraufhin denkbar kurz und keineswegs mit Sterntalern gepflastert. Sollte er sich aber dennoch in die Länge ziehen, stellt einem die Finanz – gegen Gebühr natürlich – einen Wegbegleiter, den sogenannten Vollstrecker, fürsorglich zur Verfügung.

Dieser kann in manchen Fällen zum „Ständigen Begleiter“ werden.

Um schlußendlich tatsächlicher Steuerzahler zu sein, muß man

1. über die nötige Summe Geldes verfügen,
2. sich von ihr trennen, wenn auch mit dem wehen Gefühl, das schöne Stück Geld selbst
   a) anderweitig und
   b) viel besser verwenden zu können, (und bei manchen ist dieses Gefühl so ausgeprägt, daß sie ihm nachgeben),
3. mit dem Gedanken leben können, für die Hingabe von „so viel sauer verdientem Geld“ keine direkte Gegenleistung zu erhalten.

★

„Wir sollten die Schwächen der Kapitalisten nicht überschätzen. Jedes Jahr werden sie von der Einkommensteuer ausgerottet, und jedes Jahr sind sie wieder da.“

(Andreij Smirnow)

Im Veranlagungsreferat

Ja, wovon leben denn die Leut' (II)

Im Referat einer Veranlagungsgruppe.

Der Referent und der Steuerpflichtige im verbalen Clinch.

Es geht wieder um das unleidliche Thema, „Höhe der unbedingt notwendigen Lebenshaltungskosten".*

Referent: „Was Sie erklärt haben, davon kann man nicht leben!"

Steuerpflichtiger: „Ich schon!"

Und es beginnt zum dritten, vierten Mal die Tour: In der Früh Tee, mittags wenig und abends wird gar nichts gegessen, aus gesundheitlichen Gründen. Die Miete bleibe er schuldig, als Kleidung genüge der Overal, Oper kann er nicht leiden und Theater habe er zu Hause. Urlaub – was ist das?

Die Stimmung ist gereizt, es wird laut.

Der Referent: „Von mir aus, darben S' dahin, aber erklären müssen S' so viel wie ein Lebender!"

Der Steuerpflichtige (jetzt sehr laut):

„Woll'n S' wissen, von was ich leb'? Woll'n S' das wirklich wissen?"

Referent: „Schon seit einer Stund'!"

Steuerpflichtiger (mit so etwas wie Triumph in der Stimme):

„Damit Sie 's wissen, ich leb' von der Steuer!"

★

Variation zu demselben Thema

Rat Dr. V. hat sich den Steuerpflichtigen, der schon das zweite Jahr einen Gewinn erklärt, der haarsträubend niedrig ist und erheblich unter dem Existenzminimum liegt, persönlich vorgeladen.

Die sonst geradezu sanfte Stimme von Dr. V. gewinnt im Laufe des Gesprächs zunehmend an Schärfe:

---

* Abgabenrechtliches Kriterium für die Plausibilität des erklärten Gewinnes

„Erklär'n S' mir das jetzt endlich, wovon leben Sie denn wirklich?"

Der Steuerpflichtige, eingeschüchtert: „Wenn S' mich so frag'n, Herr Rat, i' leb wirklich nur vom Essen und vom Trinken ...!"

★

Die Versteuerung des Nachlasses ist ohne dazugehörige Leiche nicht möglich

Ein Dame erscheint in einem Referat des Finanzamtes für Gebühren und Verkehrssteuern mit dem Antrag, die Abgabenbemessung ihres Nachlasses vorzunehmen.

Der Referent vermeint zunächst, er habe nicht recht gehört.

Die Dame wiederholt, sie möchte ihren Nachlaß „endlich versteuern"!

Darauf erklärt ihr der Referent einmal, zweimal geduldig, daß das erst nach ihrem Ableben, Einantwortung des Nachlasses usw., usw. möglich sei.

Unbeeindruckt davon und stereotyp wiederholt die Dame ihren Antrag:

„Ich möchte um Gottes Willen meinen Nachlaß versteuern"!, und legt ihre Geburtsurkunde (Jahrgang 1927) vor.

Da zeigt der Referent Nerven, schlägt mit der flachen Hand auf den Tisch, wird laut:

„Daß Sie geboren sind, das seh' ich. Sterb'n S' jetzt einmal, und dann kommen S' wieder!"

Daraufhin beschwert sich die Dame beim Gruppenleiter. Der – aus einer Besprechung geholt – ist zeitgedrängt und dementsprechend ungeduldig.

Er rät ihr, um sie möglichst rasch loszuwerden, in die Registratur zu gehen und ihren Akt ausheben zu lassen (den es aber gar nicht geben kann).

Das Völkchen der Beamten in jeder Registratur ist tagein, tagaus, von früh bis spät damit beschäftigt, zu schlichten, einzuordnen, einzugeben, abzulegen, zu suchen, abzurufen usw. Diese immer wieder gleich ablaufenden Beschäftigungsphasen bestimmen auch die Denkstrukturen.

Der angesprochene Beamte in der Registratur notiert also – ohne aufzusehen – den Namen der Partei und beginnt zu suchen, im PC nach allen möglichen Kriterien, dann in der Zentralkartei, erfolglos.

Er fragt, noch immer ohne aufzublicken: „Wann war denn die Verlassenschaftsabhandlung?"

Die Partei: „Ja seh'n Sie, die ist ja auch noch immer ausständig!"

Beamter: „Da müssen Sie urgieren!"

Erst nach einem inzwischen eingelangten Telefonat des Referenten richtet er sein bisher registraturverhangenes Auge auf die Dame.

Und jetzt meint er begütigend: „Aber das kostet Ihnen ja wieder Gerichtsgebühren! Warten Sie damit lieber bis Sie gestorben sind. Dann zahlen das die Erben!"

Diese einfache und leicht einsehbare Erklärung bewirkte, was weder Referent noch Gruppenleiter gelungen war: Mit einem kurzen „Sie haben Recht", verabschiedete sich die Dame, der zu einem Nachlaß nur noch ihre Leiche fehlte.

★

Zweifach ist nicht immer doppelt!

Der Steuerberater einer Gesellschaft mit beschränkter Haftung gab als Beilage zu den Steuererklärungen nicht – wie gesetzlich gefordert – eine Bilanz mit Gewinn- und Verlustrechnung ab, sondern lediglich eine „Einnahmen-/Ausgabenrechnung", diese aber zweifach.

Der Veranlagungsreferent erließ gem. § 138 BAO einen Ergänzungsauftrag, in dem er u. a. ausführte:

„‚Doppelte Buchführung' bedeutet nicht, eine Einnahmen-Ausgabenrechnung in doppelter Ausfertigung zu verfassen. Sie werden daher ersucht, dem Finanzamt binnen zwei Wochen die Bilanz sowie eine Gewinn- und Verlustrechnung nachzureichen. (Sollten Sie anderer Auffassung sein, sagen Sie es nur mir!)"

Bilanz sowie Gewinn- und Verlustrechnung waren fristgerecht im Finanzamt.

★

Mißverständnis

„Zu Ihrem Vorhalt!

Mein Mann und ich stehen täglich von früh bis spät auf unseren Beinen im Geschäft. Wir fallen abends todmüde ins Bett, wo uns, bevor wir noch „Gute Nacht“ sagen können, die Augen zufallen.

Und Sie fragen nach der Liebhaberei*?

Das kann ich nicht verstehen. Unsere Situation ist eben so.

Wir hätten es auch gern anders!“

★

Da scheint so mancherlei

Der steuerliche Vertreter erhielt vom Veranlagungsreferenten ein Schreiben, in dem es hieß:

„Mir scheint, daß zu dem von Ihnen genannten Sachverhalt noch wesentliche Unterlagen fehlen. Insbesondere ...“, und es folgte eine Liste von 12 zusätzlichen Anforderungen.

Darauf die Antwort des Steuerberaters:

„Mir scheint am Tag die Sonne. Mir scheint am Abend der Mond. Was Ihnen scheint, weiß ich nicht, ist mir aber egal! Es scheint, daß Sie zu wenig Arbeit haben!“

★

Mehr ist dazu nicht zu sagen

„In Beantwortung Ihres Vorhalts:

Aus gesundheitlichen Gründen kann ich mich nicht ärgern!“

★

Der Arzt hat 's verboten

„... Und daher bitte ich, diese meine Bitte nicht abzuweisen und freundlich bald zu erledigen, damit ich nicht in Aufregung komme wegen dem Steuerzahlen. Der Arzt hat mir das oh-

---

* Eine Tätigkeit, die auf Dauer gesehen zu keinen positiven Einkünften führt. Die Verluste daraus werden steuerlich nicht wirksam.

nehin verboten. Besonders das Herz. Ich gehe ja ohnehin jeden Tag am Rande des Grabes spazieren. Dann hat das Steueramt gar nichts mehr von mir."

★

Drohung

„1981 haben Sie mir noch ein Kanzleijubiläum anerkannt. 1990 haben Sie es mir gestrichen.
Ich werd' nie mehr jubilieren!"

★

Einladung zum Augenschein

Ein Rechtsanwalt, dessen nebenbei betriebene Landwirtschaft vom Finanzamt als Liebhaberei qualifiziert worden war, reagierte auf eine ebenso elegante wie seltene Weise:

„Ich erlaube mir, die geschätzten Damen und Herren des Finanzamtes zu verständigen, daß ich auf meiner Landwirtschaft und zwar am Waldrand rechts von der Weinstraße gesehen, ausstecke. Die Buschenschank ist empfehlenswert.

Es gibt dort in landschaftlicher Schönheit die Smaragdeidechse und den nachtaktiven Ziegenmelker.

Von mir werden Weine ohne Schönungsmittel und von meiner Frau kalte Speisen angeboten. Es würde mich ehren, wenn Sie meiner Einladung Folge leisten und unabhänigig von Sachverständigenmeinungen meine Landwirtschaft beurteilen.

Mit Handkuß und vorzüglicher Hochachtung ..."

Steuererklärungen

Nichts verbindet so wie das Steuerzahlen.

Steuerzahler bilden eine einzige Leidens- und Protestgemeinschaft, in der alle Schichtungen sozialer, nationaler und sprachlicher Eigenart vertreten sind.

Der Bereich der Steuererklärungen zeigt daher – neben dem Schriftverkehr mit den Einbringungsstellen – den am breitesten gefächerten Individualismus in Mitteilungen an das Finanzamt.

Kriegserklärung

Tatsächlich ähnelt manche Steuererklärung eher einer Kriegserklärung:
„Finanzamt Melk
Abt Karl-Straße!
ICH BIN IN STAAD NICHTS SCHULDIG! OKEY?
UND ÜBERHAUPT!!"

★

Ergeben

Es gibt aber auch Fälle, in denen der Steuerpflichtige von vornherein Unterwerfungshaltung signalisiert:

Auf die Aufforderung, innerhalb einer Nachfrist die Steuerklärung einzureichen, andernfalls könne entweder eine Erzwingungsstrafe verhängt oder nach § 184 BAO die Bemessungsgrundlage geschätzt werden, kam die Antwort:

„Wenn ich es mir aussuchen kann, bitte ich um eine gelinde Schätzung. In der Zeit, die ich für die Steuerklärung brauche, repariere ich drei Autos. Darauf kann ich nicht verzichten. Sie kennen meine Verhältnisse. Sie werden es schon richtig machen. Am besten so, wie voriges Jahr geschätzt wurde.

Mit Dank im voraus" I. G.

Das war das dritte Jahr, in dem die Besteuerungsgrundlagen geschätzt wurden, jedes Mal um 20 % höher als das Jahr zuvor. Und nie kam eine Berufung.

★

Schlecht schaut 's aus!

Viele Erklärungen lassen wiederum eine – zumeist überzogene – pessimistische Grundhaltung erkennen.
In einem Fall wurden zwar die „amtlich aufgelegten" Erklärungsformulare ungeöffnet an das Finanzamt zurückgeschickt, aber eine „Mitteilung über die akute Geschäftslage", zwei Seiten füllend, beigelegt.

Darin hieß es abschließend:

„So wie es ausschaut, kriegen Sie heuer
– keine Steuer ..."

★

Nicht immer leicht

Die Vielfalt individueller Ausdrucksweisen bietet zwar ein buntes Bild an Lesestoff, gleichzeitig aber auch so manche schwierige Denksportaufgabe für die Bearbeiter.

Zwei Mitarbeiter eines Veranlagungsreferates im Finanzamt Baden waren die längste Zeit angestrengt damit beschäftigt, den an der Spitze eines Schreibens angeführten „Betreff" zu enträtseln.

„Betrifft Petriebsenterung"

Erst nach dem Studium des Schreibens in seiner Gesamtheit, wobei die meisten Passagen zwei- und dreimal nach ihrer möglichen Bedeutung ventiliert wurden, hatte man die Lösung:

„Petriebsenterung" stellte eine eigenwillige Ausformung von „Betriebsänderung" dar.

★

Auf einem Vordruck des Finanzamtes in M. war zu erklären:

... daß ich in der Zeit von ... bis ... keine lohnsteuer- oder einkommensteuerpflichtigen Einkünfte bezogen habe.

Begründung: „Ich habe keine Einkommen, weil ich zu wenig Wochen habe das ich keinen Stempel bekomme. Ich habe von nichts gelebt."

Tr. Leopold

★

Was man endlich wissen sollte

„Sehr geehrtes Finanzamt!

Was Sie aus dem Vorjahr und dem Vorvorjahr wissen müßten:
Es erübrigt sich, mir immer wieder Steuererklärungsformulare zuzusenden.
Begründung, ein für alle Mal:
Mein Geschäft wirft keine Steuern ab!!

20. Mai 1978 Zum wiederholten Male"
Ihr Heinz Z.

★

„Steuer 1984
Bin freier Taglöhner. Im Holz.
Arbeit nur fier's Essen, Trinka und an Sunntagsgeld.
Die Steuer zalt si bei mir net aus!"

KR. Simon

Anzeigen

Des Steuerzahlers Mitbürger werden mitunter von dem Gedanken geplagt, sie müßten die Steuererklärung des anderen ergänzen. Denn der habe doch etwas vergessen anzugeben, zu verbuchen oder überhaupt „würde sich doch lohnen, der Sache einmal nachzugehen“.

Und sie machen das gleich auf direktem Wege, indem sie es dem Finanzamt anzeigen. Das können manchmal sehr klare Hinweise sein, wie etwa:

„In dem kleinen Raum hinter dem Kasten befindet sich die schwarze Buchhaltung.“

Manchmal wieder bleibt vieles im dunkeln. Wie im folgenden Schreiben:

„Weiß das Finanzamt, wo Stefan Gr. sein vieles Gelds herhat? Der Herr bezieht sein Einkommen aus ziemlich dunklen Quellen. Wahscheinlich aus schwarzen. Schau'n Sie nach und bringen Sie Licht in die Sache. Er hält sich oft in Wiener Straße ... auf!“

★

In der Strafsachenstelle des Finanzamtes Wieden melden sich zwei Damen, Mutter und Tochter, sie möchten eine Anzeige zu Protokoll geben. Der Beamte greift zu Papier und Kuli und ist bereit.

Die Mutter hebt an: „Meine Tochter ist mit dem Malermeister Leopold K. verheiratet und er schlägt sie!“

Der Beamte will schon unterbrechen, da fährt die Mutter fort: „Zur Steuer verhält er sich genau so schlecht.“

Und zur Tochter: „Gib her die Biachln.“

Die Tochter legt einen Stoß von sieben ausgeschriebenen Schulheften auf den Tisch: „Das sind die schwarzen Einnahmen von meinem Mann. Mehr hab' ich in der G'schwindigkeit net erwischt!“

Der Beamte nimmt die Personaldaten auf und hält fest: „Sieben Kleinquarthefte, die nicht erklärte Einnahmen des Leopold K. enthalten.“

Zwei Tage später fährt die Tochter im Taxi vor, betritt strahlend die Strafsachenstelle, freut sich, daß sie gleich denselben Beamten wieder trifft und stößt freudig hervor:

„Es ist alles in Ordnung! Wir haben uns wieder versöhnt. Kann ich die Büchln wieder hab'n?"

Es war schwierig, ihr verständlich zu machen, daß eine Anzeige, einmal losgelassen, nicht mehr rückholbar ist.

★

Kein Fall für die Lohnsteuer

Im Finanzamt trifft folgendes Schreiben ein:

„Unser Bundeskanzler krempelt sich die Ärmel auf, damit er den Karren aus dem Dreck zieht und wir für die EU reif sind. Und da gibt es Saboteure, die keine Steuer zahlen. Unser Chef vergewaltigt die Sekretärin und zahlt keine Lohnsteuer. Wir glauben, das ist eine Belästigung! Aber sie sagt nichts. Schau'n Sie sich den Akt an. Der zahlt bestimmt nichts! Nicht einmal uns!!!"

★

Die Überproduktion im bäuerlichen Leben

„In der heutigen Zeit der Überproduktion auf der Landwirtschaft ist es nicht angebracht, daß manche Landwirte ihre Schweineproduktion ständig vergrößern. Schau'n Sie zum Bruner-Bauern und die Bäuerin, tun immer noch weiter! Überprüfen Sie die Schweine an Ort und Stelle, aber ohne Anmeldung, sonst werden viele Schweine versteckt! Weitere Adressen folgen!"

★

Sehr lebhaft!

„Frau Christine betreibt lebhaften Pfuschereibetrieb im Friseurgewerbe. Ihr Mann ist Exekutivbeamter und sehr frech. Sie selbst ist sehr hübsch und ebenso einfältig. Vor sieben Jahren hatte ihr Mann noch keinen Anzug. Jetzt Haus und teure Einrichtung. Natürlich muß sie für die vielen Schulden fleißig pfuschen. Machen Sie sie auf die Folgen mit aller Härte aufmerksam!"

Berufungen – ein Tummelplatz

Der Glaube hilft

Im sog. Fachbereich (u. a. zuständig für Berufungsvorentscheidungen) trifft man für gewöhnlich zwei Grundtypen von Beamten. Die einen, die sich doch noch mit jugendlicher Empörung wundern, „Was es alles gibt!“, und jene, die in diesem Bereich ihre Abklärung erfahren haben und gelassen registrieren: „Ja, ja, das alles gibt es!“

Einer von der letzteren „Ausformung“ brütet über einer Berufung. Sie richtet sich gegen die Verhängung eines Verspätungszuschlages.

Die Begründung, nur eine Zeile, besteht ausschließlich aus einer Aneinanderreihung medizinischer Fachvokabel.

Der Beamte grübelte lange. Und – wie das oft in einer Phase geistiger Ermüdung geschieht – die Gedanken beginnen unkontrolliert dahinzulaufen. Sie landen bei einer uralten Anekdote aus der Zeit der Monarchie, die sein Vater gelegentlich erzählte.

Da ging 's darum, daß die Abrechnung über die Kriegskasse eines in Italien stehenden Regiments äußerst „pauschal“ erfolgt war (etwa: Angewiesene Gelder – Ausgegebene = 0) und der Kommandeur zur Bekräftigung darunter gesetzt hatte:

„Wer 's nicht glaubt, ist ein Esel.“

Der Kaiser, dem seine Ministeriellen solches empört berichteten, soll, nachdem er den letzten Satz ein zweites Mal gelesen hatte, genickt und zu bemerken geruht haben:

„Na ja, i c h glaub's!“

Der Beamte wendet sich wieder seiner Berufung zu. Liest noch einmal die Begründung:

„Dekompensierte Flimm. Myorcardiopathie. Ödeme.“

Dann lehnt er sich zurück und seufzt ein (republikanisches)

„Na ja, ich glaub's!“

Stattgabe.

★

Nicht schwerwiegend genug

Offensichtlich wesentlich leichter tat sich die Behörde bei der folgenden Berufung.

Die hier ebenfalls sehr knappe Begründung lautete:

„Der Bescheid ist in seiner Gesamtheit, insbesondere aber betreffend Umsatzsteuer lebensgefährdend!"

In der abweisenden Berufungsvorentscheidung hieß es (u.a.) ungerührt:

„Die dargelegten Gründe waren nicht *schwerwiegend* genug, um zu einer anderen Beurteilung zu gelangen."

★

Ein besonderer Mangel

„Berufung wegen Verfahrensmangel!
Für den angezeigten Sachverhalt war das Prüfungsorgan weder sachlich noch organisch zuständig!"

★

Behandlung mit allen Mitteln notwendig

„Einspruch gegen den Einkommensteuerbescheid 1991!

Diese Ihre Veranlagung ist geradezu abwegig – pervers! Ich werde alle Mittel dagegen einsetzen!

Jetzt gleich diese Berufung!

Und wenn das nichts nützt, fordere ich eine Behandlung höheren Orts!"

★

Karel W. schreibt

„Durch Ihre Höher-Einschätzung fühle ich mich geehrt. Aber glaube ich, kann ich nicht annehmen diesen Bescheid. Mit einem halberten Lehrbuben, noch dazu mit zwei Linken, was er hat, und sonst keine Hilfe, kann ich keine 250.000 erwirtschaften! Indem ich nämlich keine Damen habe und nur ein kleiner Herrenschneider bin.

Und das kann man nicht so kalkulieren. Kein Schädl ist wie der andere. Sie wissen, die großen runden, eckigen, die kleinen Nagelköpfe machen auch noch mehr Arbeit. Wenn ich das so wortwörtlich sagen kann: Man kann nicht alle über einen Kamm scheren!

Also bitte tun Sie mich nicht erhöhen. Lassen Sie mich lieber niedriger mit der Steuer.
Das wäre mein Berufungswunsch!

Mit meiner speziellen Hochachtung"

Karel W.

★

Wenn Ihr eh nichts mehr zum Denken habt!

„An das
Finanzamt Melk, Computerabteilung

Gegen die hohe Nachzahlung erhebe ich Einspruch. Seit ich zwei Lohnsteuerkarten habe, kennt Ihr Euch nicht mehr aus.

Jetzt, wo Ihr Computer habt und selbst nichts mehr denken braucht, wird man doch wissen, was ich zu bezahlen habe!"

Frau Anna N.

★

Wiederaufnahme des Verfahrens wegen gravierender Änderungen des Eigenverbrauchs

Der steuerliche Vertreter stellt folgenden Antrag:

„Auf Grund widriger Umstände und Arbeitsüberlastung wird beantragt, das Verfahren hinsichtlich Einkommensteuer und Umsatzsteuer 1992 wiederaufzunehmen.

Der angesetzte Eigenverbrauch erfuhr durch folgende Umstände eine wesentliche Verminderung:

1. Ende des Jahres 1991 gab der Gatte der Pflichtigen das Rauchen auf.
2. Die Pflichtige selbst macht auf ärztliches Anraten seit Feber 1992 eine strenge Diät = Verminderung des Nahrungsaufwandes.

3. Minderung im Hygiene-Bereich: Wegfall der Windel (Pampers für Kleinkind)
4. Kellnerlehre des Sohnes = Verminderung des Bekleidungsaufwandes

Die quantitative Auswirkung wird detailliert in der Beilage angegeben."

★

Das ist natürlich etwas anderes

Nach der soeben beendeten Berufungsverhandlung spricht einer der Beisitzer den Senatsvorsitzenden auf eine, wie er meint, ungewöhnliche Interpretation einer Gesetzesstelle an und zeigt sich verwundert.

Der Vorsitzende, geheimnisvoll:

„Ja, wissen S', das ist halt so: Jeder Paragraph hat seine eigene Aura!"

Die Betriebsprüfung

„Was recht ist, dem sollst Du nachjagen!“

5. Buch Moses
(Missionsauftrag
des Betriebsprüfers)

Die Betriebsprüfung – das weite Feld

Vielsichtige Optik

I. Die Betriebsprüfung sei ein weites Feld. Viele Wege führen da hinein, man durchstreife tiefe Ackerfurchen, Kartoffeläcker neben strotzenden Goldähren und möchte ernten, wo man nicht gesät habe. – So sah das einmal ein Ministerialdirgent im Bundesfinanzministerium in Bonn.

Und weiter der Kollege aus Bonn: Der Betriebsprüfer bewege sich stets auf fremdem Grund und Boden und nehme das im fiskalen Landrecht vorgesehene Gastrecht in Anspruch. Dementsprechend sei auch die Unterbringung: Zwischen Gartenlaube und Hundehütte, bildlich gesprochen.

Die Ernte – viel Fallobst.

II. Ein Seminar-Vortragender verlegte das Geschehen einer Betriebsprüfung in eine wesentlich tiefere Ebene:

„Ein Betriebsprüfer hat auch etwas von einem Archäologen an sich. Er gräbt in Schichten unter der oberflächlichen Gestaltung. Darf aber nur mit Stichgrabungen (schwerpunktmäßig) das Gräberfeld anschneiden und es keinesfalls total umgraben.

Funde, wie interessante Scherben und Schreibtäfelchen, muß er in einem viel Beharrlichkeit erfordernden Puzzlespiel zu einem Ganzen formen. Betriebsprüfen ist also eine reproduzierende Tätigkeit. Die staatliche Grabungslizenz erhält er mit dem Prüfungsauftrag, der die als fündig gemeldeten Jahresschichten angibt.

Als Historiker lebt er in der Rechtslage der Vergangenheit. Zwangsläufig, denn mit der Schnellebigkeit der gegenwärtigen Gesetze wird jede gesetzliche Regelung, so wie sie kam, auch schon zur Geschichte."

III. Der Dramaturg

Viel an Betriebsprüfungen wird dramtisiert. Man kann sie als Konversationsstück, als „Komödie der Irrungen" oder als Pradler Ritterspiele erleben. Auch als WTH-Kammer-Spiele*. Regie führt oft der Zufall. Direktoren gibt es viele, aber fast nie einen Souffleur – darum auch relativ viele „Hänge-Fälle".

* WTH = Wirtschaftstreuhänder

Stets zweigeteilt ist die Kritik:

Beifall der Inspizienten führt zur Ablehnung von Parkett und Logen. Die Buh-Rufe hört man im Rechtsmittelverfahren, negative Kritik an den Protagonisten liest man in Dienstaufsichtsbeschwerden. Bei einhelliger Zustimmung hält man den Prüfer für einen Banausen.

IV. Intimes

Zahlen sind für den Betriebsprüfer sprechende Bilder, die zur wirtschaftlichen Intimitäten-Schau werden können. Nicht selten wird der Prüfer mit einem buchhalterischen Striptease konfrontiert, der zuweilen zu einem Steuer-Porno ausartet.

Sein Stoßseufzer: „Heiliger Matthäus im Himmel, Patron aller Finanzbeamten, bewahre mich vor einem Fehltritt. Denn die Dienstaufsicht paßt ‚höllisch' auf".

V. Der Fachmann

Ein Gruppenleiter wiederum zu einem am Beginn seiner Prüferlaufbahn stehenden, jungen Kollegen:

„Lieber Freund, keine Angst! Prüfen ist keine Kunst. Du mußt nur schauen, genau schauen. Nur hören, detailliert hören. Dann mußt Du das Geschaute und Gehörte filtern zu einem relevanten Sachverhalt. Den mußt Du den richtigen Gesetzesstellen zuordnen. Dann mußt Du Dir genügend Rechtsprechungsmaterial besorgen für die Diskussion. In der Diskussion mußt Du vor allem eine gut entwickelte Sprechkultur bringen. Und Du mußt mental stark sein. – Das ist auch schon alles!"

★

Unterschiedliche Erfordernisse

Unter dem Preußenkönig Friedrich II gab es auch Steuerprüfer, die durch besondere körperliche Vorzüge ausgezeichnet sein mußten. So ein körperliches Erfordernis war, mit einem riesenhaften Riechorgan ausgestattet zu sein. Prüfer mit solchen, von der Natur ihnen großzügig verabreichten Nasen wurden als „Kaffee-Spürer" oder „Kaffee-Riecher" eingesetzt. Wegen der hohen Besteuerung von Import-Kaffee wurde der nämlich „schwarz" (im fiskalischen Sinne) getrunken, bei heimlichen Kaffee-Kränzchen im Hinterstübchen. Diese Art der Steuerhinterziehung sollten die Riesennasen aufspüren.

Anderes aus der österreichischen Anforderungs-Palette:

In den landwirtschaftlichen Großbetrieben, mit deren Prüfung eine Gruppe speziell vorgebildeter Prüfer der Großbetriebsprüfung Wien befaßt ist, trifft man auf klingende Namen, wie Eszterhazy, Liechtenstein, Habsburg, Schwarzenberg usw.

Der „Hauch der Geschichte", der um diese Namen weht, umfängt auch die Prüfer, und manche nehmen Gehabe und Sprechton ihrer Gastgeber vorübergehend an.

Besonders die Leiterin dieser Gruppe, Hofrat Dipl.-Ing. Kippes, erwarb sich bei dieser „ihrer Klientel" einerseits durch ihr unbestrittenes Fachwissen, aber auch durch ihren charmanten, leicht ironischen Konversationston, ihr außergewöhnliches Bildungsniveau und vor allem mit ihrem historischen Detailwissen hohe Anerkennung und sehr viel Sympathie. Dementsprechend verliefen auch die Schlußbesprechungen in einem weit gesteckten Rahmen zwischen Abgabenrecht, Bodenkultur und Dynastiegeschichte.

Der Erfolg ihrer Chefin hatte auf die Prüfer Vorbildwirkung. Das ging so weit, daß man in der Gruppe meinte, man müsse in ihr ein spezielles Anforderungsprofil entwickeln.

Als daher ein junger Jurist der Gruppe zugeteilt wurde, lerneifrig, wißbegierig, bei Fragen stets das Gesetzbuch in der Hand, riß ihm alsbald ein älterer, routinierter Prüfer aus seinem Eifer und wendete seine Gedanken dem „Schönen" zu:

„Aber Herr Doktor! Einkommensteuer, Buchhaltung – gut. Bei uns, da müssen S' aber auch den Hofknicks beherrschen und Menuett tanzen können ...!"

★

Die teuerste Frau

Die Hofrat Kippes war – hier im wörtlichen Sinne – landauf, landab bekannt, und blieb vielen, die sie mit ihren Prüfern besucht hatte, unvergeßlich in Erinnerung.

Aus verschiedenen Gründen:

Einmal, weil sie eine gescheite, imponierende Frau war, aber natürlich bei so manchem auch deshalb, weil die steuerlichen Prüfungsergebnisse doch auch nachhaltige Wirkung hatten.

Im Laufe einer gesellschaftlichen Veranstaltung im Burgenland lernte ein Prüfer der GroßBp Wien einen burgenländisch-ungarischen Gutsdirektor kennen. Kaum erfuhr der die Profession seines Tischnachbarn, fragte er spontan:

„Kennen Sie vielleicht eine Frau Dipl.-Ing. Kippes?“

Der Prüfer bejahte:

„Das ist die Leiterin unserer Landwirtschaftsgruppe.“

Darauf der Gutsdirektor:

„Lieber Freund, sog ich Dir, wor dos teuerste Frau in meinem gonz'n Lebän, wirklich!"

Parolen

I. Augenmaß ist gefragt

Auf der grünen Tafel in einer Betriebsprüfer-Gruppe, auf der üblicherweise Nachrichten für die interne Abwicklung vermerkt werden, war auch folgendes Spruchblatt angebracht:

„Zu glauben, die Welt sei von Bösewichten bevölkert, heißt denken wie ein Menschenfeind.
Sich einbilden, alle zweibeinigen Wesen ohne Federn seien Ehrenmänner, heißt sich wie ein Dummkopf täuschen."

Darunter stand mit weißer Kreide:

„WHO IS WHO?"

★

II. Aber gerupft wird doch

In einer moderneren Sprache las man auf einem bunten Poster der Großbetriebsprüfung Vorarlberg anläßlich der Festveranstaltung zum 50jährigen Bestehen der österreichischen Großbetriebsprüfung:

„Wir kommen für den Adler,
sind niemals wie die Geier,
und nur krumme Vögel
lassen bei uns Federn!"

★

III. „I Like Taxes ... Frohe Weihnachten ..."

Das Bestreben, sich mit Ungewöhnlichem und Humor vom abträglichen Amtskappel-Image „freizustrampeln", zeigt immer wieder schöne Erfolge.

Besonders gut kam eine „Weihnachtsaktion" des Leiters der Großbetriebsprüfung Innsbruck, Hofrat Dr. Konrad Z., an.

Er „verehrte" den Unternehmen und Firmen, die regelmäßig „unter die Betreuung seiner Dienststelle" kamen, „anläßlich des bevorstehenden Weihnachtsfestes" Feuerzeuge mit dem Ziel, für eine unproblematischere Beziehung zum Steuerzahlen und zu den Finanzbeamten zu werben.

Auf der Vorderseite der Feuerzeuge stand:

„I like taxes!"

Auf der Rückseite:

„Wir stellen Ihre Bilanzen richtig. Die Großbetriebsprüfung Innsbruck."

Der Antrag, die dafür aufgelaufenen Kosten als Werbungskosten abzusetzen, wurde vom zuständigen Wohnsitzfinanzamt abgewiesen, weil die
„Werbung von Steuerzahlern" keinen Einfluß auf „Erwerbung, Sicherung und Erhaltung der Einnahmen*" eines Betriebsprüfungsleiters hat.

Wie auch immer – diese weihnachtliche Geste, vielleicht auch mit einem Seitenblick auf die bevorstehenden Buchhaltungsabschlußarbeiten – war für viele ein „Aha-Erlebnis".

---

* § 16 EStG 1988: „Werbungskosten sind Ausgaben zur Erwerbung, Sicherung und Erhaltung von Einnahmen ..."

„Zieht ins weite Land und bringt die Ernte ein ...“

Die falsche Adresse

Oft hat es sich bei auswärtigen Dienstverrichtungen als vorteilhaft erwiesen, das örtliche Finanzamt anzurufen und die ortskundigen Kollegen um einen Hotel-Tip zu ersuchen.

Oft – aber nicht immer.

Zwei Prüfer der Großbetriebsprüfung Wien hatten in einem oberösterreichischen Städtchen eine Prüfung sog. „verbundener Unternehmen“ durchzuführen und ersuchten telefonisch die Kollegen im Finanzamt S. um eine preisgünstige Hotelempfehlung.

Die Kollegen, den Wienern nicht immer, Scherzen aber stets zugetan, nannten als „preisgünstig und service-freundlich“ das Hotel „Stadt-Paris“, Adresse und Telefonnummer.

Was sie aber nicht sagten: Das genannte Hotel war ein jeweils nur „kurzfristig frequentiertes Haus“.

Einer der beiden Wiener rief also im besagten Hotel an und bestellte für sich und seinen Kollegen Zimmer für zwei Wochen.

Der Rezeptionist:

„Für zweiiii Wochen?“

„Ja.“

„Jeden Tag?“

„Ja, jeweils von Montag bis Freitag.“

„Und Sie sind zu zweit?“

Der Prüfer, schon etwas verwundert über das Verhör:

„Ja!“

„In unserem Haus arbeiten nur drei Damen!“

Der Wiener, immer noch auf „preisgünstig“ fixiert:

„Das macht nichts, wir stellen keine großen Ansprüche.“

Da explodierte der am anderen Ende:

„Mein Herr, mir san a Buff! Das erste landesbehördlich genehmigte der Stadt S.“

★

Inkognito geplatzt

Auswärtige Betriebsprüfungen wurden manchmal, wenn die tägliche Heimfahrt nicht möglich war, so eingeteilt, daß mehrere Betriebe im gleichen Ort oder zumindest im örtlichen Nahbereich gleichzeitig zu prüfen waren.

Dadurch wurde der einzelne Prüfer vor „gesellschaftlicher Vereinsamung" bewahrt, hatte aber auch Gelegenheit zur fachlichen Kommunikation und kollegialen „Ansprach".

So geschah es, daß einmal sechs Betriebsprüfer mit zwei einzuschulenden Kollegen in einem Gasthof in einer Grenzstadt im nördlichen Niederösterreich Quartier nahmen.

Der Wirt, nicht gerade von einem Umsatzhoch geplagt, sah diesen Gästezuwachs mit zwiespältigen Gefühlen.

Einerseits war ihm jeder zusätzliche Gast willkommen, andererseits war aber zu befürchten, daß der Zugang gerade dieser Gäste auch den Abgang gewisser „steuerlich sensibler" einheimischer Gäste zur Folge haben könnte. Sobald es sich nämlich herumgesprochen haben sollte, daß sich die Finanz hier in geballter Formation niedergelassen habe.

Eines Tages fragte jemand vom Stammtisch den Wirt – nicht gerade in unterdrücktem Ton –, wer denn die „Neuen" wären. Der Wirt, einer unglückseligen Eingebung folgend, erklärte:

„Des is a Kegelklub aus Wien."

Ebenfalls deutlich hörbar.

Der Stammtisch grüßte herüber und alsbald bewegte sich ein würdiger Herr des Stammtisches zum Tisch der verleugneten Finanzbeamten.

Der Wirt kegelte sich im Hintergrund fast die Augen und Arme aus mit panikartiger Zeichensprache, und die Beamten, gutmütig und ein wenig belustigt, beschlossen, ihm nicht in den Rücken zu fallen. Sie spielten mit. Die Katastrophe kam aber, als tags darauf der Stammtisch – unnachgiebig und unabweisbar – zu einer Kegelpartie im Keller des Hauses einlud.

Zwei Tage später war im Ortsblatt unter „Gesellschaftliches" zu lesen:

„Gestern sollte ein Kegelvergleichskampf zwischen dem hierortigen Stammtisch beim Bärenwirt und acht Keglern aus Wien stattfinden.

Die Partie mußte abgebrochen werden, weil einer der Wiener frühzeitig sein Zimmer aufsuchen mußte, zwei wegen übermäßigen Alkoholgenusses und zwei wegen unstillbarer Lachausbrüche scheibunfähig waren. Alle acht waren Finanzbeamte aus Wien."

Die Sache hatte aber auch ihre gute Seite. Entgegen den Befürchtungen des Wirtes gab es keinen Umsatzabfall, sondern trieb eine Art gruselnde Neugierde (so viele Finanzbeamte auf einem Fleck aus der Nähe sehen) noch mehr Gäste in das „unheimliche Wirtshaus".

Mit dem Umsatz stieg auch die Stimmung des Wirtes, und bald gab es neben dem Finanztisch ein „Finanzmenü", einen Schnaps „Klarer Hannes" (nach dem damaligen Finanzminister), ein „Amtsrat-Schnitzel" und der Kaiserschmarrn hieß jetzt „Steuerschmarrn".

★

Die acht Finanzbeamten hielten sich aber keineswegs nur im Gasthaus auf.

Sie gingen ihrer Alltagsarbeit nach und legten dabei folgende Wegstrecken regelmäßig zurück, Tag für Tag gefolgt von manch verstohlenem oder offen anstarrendem Blick:

Nach dem Frühstück durch den Schloßpark zu den Betrieben. Mittags zurück in ihr Gasthaus. Nach dem Mittagessen wieder durch den Schloßpark und zwischen fünf und sechs Uhr nachmittags – die Schloßparkdurchquerung war unvermeidlich – wieder zu ihrem Wirt. Sie waren ein Teil des Ortsbildes geworden.

Eines Tages überholte sie eine Dame mit einem kleinen Buben, und noch in Hörweite streckte der Knirps seinen Arm mit ausgespreiztem Zeigefinger schräg nach hinten, fragte:

„Mutti, sind das die von der Finanz?"

Woraus man erkennt:

1. Finanzbeamte kommen nicht nur einzeln, sondern auch in Schwärmen vor.
2. In Schwärmen werden sie auch von Kindern erkannt, und auch die zeigen mit Fingern auf sie.

★

Cave canem – Cave fiscum*

Nicht nur Briefträger, auch Betriebsprüfer sind manchmal Gegenstand hündischen Unmuts. Wobei man im zweiten Fall nicht weiß, ist das wohlgelungene Dressur oder Hunde-Instinkt oder liegt es an der Optik.

Ein ausgezeichneter Prüfer, Franz Z., der sich schon in den verworrensten Prüfungsverhältnissen zurechtgefunden hatte, stand eines Tages vor etwas Unüberwindlichem.

Es war der Tag des geplanten Prüfungsbeginnes bei einem Gewerbebetrieb im nördlichen Niederösterreich.

Der Eintritt wurde dem Prüfer jedoch – wie er später erzählte – in sehr eindeutiger Weise von zwei Berhardinerhunden mit allen Zeichen ernster Kampfansage – Knurren, Zähne-Vorschieben, Aufbäumen – verwehrt.

Begabt wie er war – wie gesagt, ein ausgezeichneter Prüfer – fiel ihm sogleich ein:

Wozu hat man einen Gruppenleiter!

Er eilte in die nächste Telefonzelle und schilderte seinem Gruppenleiter die brenzlige Situation:

Hier ein Prüfer mittlerer Statur – dort zwei Hunde größeren Ausmaßes.

Der Gruppenleiter aber, in dessen Vorstellung Bernhardiner so etwas wie patzweiche Kinderspiel-Hunde waren, nahm sträflicherweise die Nöte seines Prüfers nicht so ernst.

„Herr Kollege, Bernhardiner sind doch gutmütig!"

„Ja, aber die zwei wissen das nicht!"

„Na dann fahren S' halt in die nächste Fleischhauerei, kaufen S' zwei Knackwürst' und geb'n S' jedem eine!"

Der Prüfer, schon leicht verzweifelt:

„Sie haben leicht lachen! Sie sind weit weg! Aber ich bin hier live vor den Hundeschnautzen!!"

Jetzt zeigte der Gruppenleiter doch endlich Wirkung.

Er rief im Betrieb an und meinte vorwurfsvoll, daß der Prüfer angemeldet gewesen wäre und es nicht gerade nach einem freundlichen Empfang aussehe, wenn da plötzlich zwei venezianische Löwen vor dem Firmen-Portal liegen.

---

* „Hüte Dich vor dem Hund – hüte Dich vor der Steuer!"

Man schaffte die Hunde weg. Der Prüfer konnte sein Werk beginnen.

Dann aber kam der Tag, an dem der Gruppenleiter selbst zur Besprechung in den Betrieb mußte.

Vorgewarnt, rief nun er den Prüfer an, er möge dafür sorgen, daß „die Viecher verschwinden", denn: „Ich habe niemanden, den ich anrufen könnte!"

Der Gruppenleiter fuhr los. Kurz vor dem Betrieb ließ er den Wagen langsam auslaufen, öffnete vorsichtig die Wagentür, denn einer der beiden Torwächter lag doch wieder vor dem Eingang. Aber friedlich erhob er sich und geleitete den Ankömmling, sich eng an dessen rechtes Bein schmiegend, gemessenen Schrittes in den Vorraum.

Der Unternehmer streichelte den Hund und begrüßte den Gruppenleiter:

„Kommen S' weiter, Herr Doktor, da in den Hof, ich zeig Ihnen was."

Der Gruppenleiter folgte und stand plötzlich – vor einem riesigen, schwarzbraunen, russischen Grizzlybären hinter einem einfachen Gitter.

„Na Herr Doktor, dem können S' die Hand geben!"

Der Gruppenleiter, sonst ein eifriger Händeschüttler, lehnte diesmal ab.

Beide, Gruppenleiter wie Prüfer, waren heilfroh, als der Prüfungsfall, der ins Tierische abzugleiten drohte, beendet war.

★

Der Konter

Bei einer Prüfung in einer malerischen Kleinstadt an der Donau war es notwendig, in mehreren Gemeinden und Gendarmerie-Posten Meldezettel von Hotels, Pensionen und Privatquartieren durchzusehen.

Dies hielt einen Betriebsprüfer ziemlich lange in den Räumen eines Gendarmerie-Postens in S. Im Laufe dieser Tage entwickelte sich eine sehr angenehme kollegiale Atmosphäre zwischen Prüfer und Gendarmen.

Scherzworte über die amtsspezifischen Arbeiten und Ressort-Eigenheiten fielen hüben und drüben.

Was nicht zu vermeiden war: Der Prüfer suchte auch die „Amts-Toilette“ auf und fand dort im Vorraum eine Waschgelegenheit, und das war in der damaligen Zeit in Amts-Toiletten überhaupt nicht selbstverständlich.

Der Prüfer, angenehm überrascht, schwenkte die Armatur zur Mitte der Waschmuschel, drehte den Wasserhahn auf und – machte entsetzt einen Sprung zurück. Zu spät! Beide Hosenbeine, von den Oberschenkeln abwärts, waren patschnaß. Offensichtlich hatte der Installateur, der die Waschanlage montierte, von irgendwoher einen Schwenkhahn „organisiert“, ohne sich zu überzeugen, ob der auch zur Größe der Waschmuschel paßte. Er paßte nicht, sondern reichte ein erhebliches Stück über den Muschelrand hinaus.

Als der Prüfer wieder in das Meldereferat zurückkehrte – naß an so verfänglichen Stellen – brach ein spöttisches Gelächter aus.

Der Prüfer aber konterte:

„Wann hat sich denn von Euch einer zuletzt, wie bei zivilisierten Menschen üblich, auf der Toilette gewaschen?!“

Na – ja, – Gemurmel ...

★

Sabotage ...?

Es war im mittleren Burgenland. Betriebsprüfung bei einer Fahrschule.

Ein noch frisch mit allen Finessen der Nachkalkulation, innerbetrieblicher Kennzahlenermittlung, Kostenanalysen usw. ausgestatteter Prüfer hatte den technischen Teil der Prüfungsarbeit bereits abgeschlossen.

Zur sog. abschließenden Besprechung über die Prüfungsfeststellungen kam auch der Gruppenleiter aus Wien mit.

Die Ehegattin des Steuerpflichtigen empfing die beiden überaus freundlich, befand sich aber in merklicher Verlegenheit:

„Der Mann muß jeden Moment kommen, er holt nur den Steuerberater ab.“

In ihrer Aufregung „wischte“ sie gleich einmal eine Vase vom „Vorzimmerkastl“. Um das Unglück zu überspielen meinte sie:

„Ach was, Scherben bringen Glück!“

Der Gruppenleiter, nicht sehr mitfühlend:

„Vielleicht können S' das heute brauchen!"

Dann waren Gruppenleiter und Prüfer allein in der geräumigen Bauernstube. Und warteten. Die Kuckucksuhr schrie zwar, aber der Steuerpflichtige kam nicht.

Nach etwa 10 Minuten huschte die Ehegattin mit Knabbergebäck und der ersten Entschuldigung herein:

„Ich weiß nicht, wo er so lang bleibt. Er wollt' doch nur ...", und hält verzweifelt inne.

Nach einer Viertelstunde, zweite Entschuldigung:

„Ich versteh' das nicht ...!"

Endlich, nach einer Wartezeit von insgesamt einer halben Stunde – Stimmengewirr. Die Tür springt auf und herein kommen – Arm in Arm – Steuerpflichtiger und Steuerberater in merklich gehobener Stimmung:

„Ah, die Hearn von der Finanz! Grüß Gott, grüß Gott!"

Freundliches Schulterklopfen. Im Hintergrund die Frau mit Zeichen der Hilflosigkeit.

Steuerpflichtiger: „Na geh, bring uns doch 'was zum Trinken! Die Hearn werd'n ja durschtig sei'!"

Der Gruppenleiter eisig: „Nein danke. Können wir jetzt endlich beginnen!"

Der Steuerberater läßt seinen Kupan ein warnendes „Oha!" hören.

Der Prüfer, bestens vorbereitet, beginnt.

In wohlgesetzter Rede, logisch durchdacht, erklärt er an Hand der „Beziehung Benzin-Kopf-Verbrauch zu Kopf-Umsatz pro Fahrschüler", daß der erklärte Umsatz „in sich" nicht stimmen könne.

Sein Elan wird aber immer mehr und mehr gebremst, denn jede seiner Aussagen wird, Satz für Satz mit einem schallenden Gelächter der beiden, Steuerpflichtiger und Steuerberater, quittiert. Und nach „Umsatz in sich nicht stimmen", ufert die Heiterkeit überhaupt aus.

Der Prüfer verstummt entsetzt, der Gruppenleiter steht auf: „Wir gehen jetzt und kommen wieder, wenn Sie einem nüchternen Gespräch zugänglich sind!"

Erneutes Lachen: „Ja, ja, kommen S' nur, jederzeit ..."

„Wir machen jetzt noch einen Sprung auf das Finanzamt."

Jetzt können sich die beiden nicht mehr halten:

„Haha, auf 's Finanzamt! Von dort komm'ma ja grad! Wollten unseren Gruppenleiter einlad'n. Aber leiwande Burschen die Kollegen! Und an guat'n Schnaps hab'n s', an Eberesch'n!"

Der Bp-Gruppenleiter konnte dann im Finanzamt nicht umhin, dem aufwartungsfreudigen Veranlagungsgruppenleiter „Sabotage einer Schlußbesprechung" vorzuwerfen.

„Kollega, Sie haben uns heute die Schlußbesprechung sabotiert mit Ihrem Schnaps! Wir fühlen uns geschädigt!"

Der Schadenersatz bestand dann in einem oder mehreren Stamperln Eberesch'n (Vogelbeerschnaps).

★

Kindermund

In einem Bezirksvorort in Niederösterreich findet eine Betriebsprüfung bei einem familiär geführten Betrieb ihren Abschluß.

Aus der Landeshauptstadt reist der Finanzamtsvorstand mit seinem Vertreter an, aus Wien der Dienststellenleiter mit Gruppenleiter und Prüfer.

Nach Erörterung der steuerlichen Punkte wird abschließend mit gegenseitigen Komplimenten nicht gespart: da zur vorbildlichen Führung des Betriebes, dort zum betriebswirtschaftlichen Wissen des Betriebsprüfers.

Nach Unterzeichnung der Niederschrift bittet die Hausfrau zum Mittagessen.

Man begibt sich zum Eßzimmer am Ende des Ganges.

Hier spielen gerade die beiden Enkel der Gastgeber.

Als die fünf fremden Herrn vorbeigehen, stellen sich die Kinder zu beiden Seiten des Ganges auf und bilden mit erhobenen Armen eine Art Torbogen.

Der Seniorchef, etwas irritiert: „Was ist das, was spielt Ihr da?"

Die Kinder: „Laßt die Räuber durchmarschieren!"

Betroffenheit auf Seite der Finanz – ein Gefühl der Peinlichkeit bei den Gastgebern. Natürlich, nicht ernst zu nehmen ... aber!

★

Wie macht der das ohne Eier

Der Betriebsprüfer auf dem Weg zu einem Gasthaus im mittleren Burgenland, den Prüfungsauftrag in der Tasche.

Kurz vor dem Eingang hastet der Lebensmittelinspektor ihm entgegen und schimpft im Vorbei-Eilen:

„Der da drin is a Wahnsinniger, den halt kana aus!"

Und weg ist er.

Der Prüfer überlegt: Wenn der da drinnen so mit einem Lebensmittelinspektor umgeht, dann kann der nicht ganz klar im Kopf sein. Und richtet seine Prüfungstechnik danach ein.

Er nimmt sich die noch vorhandenen Speisekarten und das Wareneingangsbuch her.

Auf den Speisekarten findet er fast täglich „Bouillon mit Ei", im Wareneingangsbuch aber vom 4. April bis 20. Juli keinen Eier-Einkauf.

Er ruft den Wirt:

„Sag'n S', hab'n S' in der Küche ein paar Hendl umrennen?"

Wirt: „Na!"

Prüfer: „Ich mein nur, weil der Lebensmittelinspektor so entsetzt davon is!"

Wirt, fuchtig: „Den hob i mit 'n Bes'n außig'jagt!"

Prüfer: „Na ja, wie ist das mit Ihren Eiern? Legt wer welche in der Familie?"

Wirt: „Was soi des?"

Prüfer: „Sie haben fünfmal in der Woche Bouillon mit Ei auf der Kart'n, aber dreieinhalb Monate keinen einzigen Eier-Einkauf eingetragen!"

Darauf ruft der Wirt, kleinlaut geworden, in die Küche: „Lene, kimm her! Er hat uns scho' bei de Eier!"

★

Derselbe Prüfer als Freund und Helfer

Der Amtsrat L. gilt als Gasthaus-Spezialist – im prüfungstechnischen Sinne.

Und das nicht zu Unrecht.

Diesmal prüft er ein Gasthaus im nördlichen Burgenland.

Sein Arbeitsplatz das Extra-Stüberl.

Freitag, 14 Uhr. Die Küche ist bereits geschlossen, der Ober und ein Lehrbub sind die einzige Besetzung.

Der Bus einer Baufirma fährt vor, sieben Bauarbeiter schreien schon bei der Tür wie aus einem Mund: „Menü und a Kriagl Bier!"

Der Ober ist verzweifelt.

Der Prüfer erfaßt die Situation. (Nebenbei: Er führt daheim einen kleinen, aber gefragten Heurigen.)

Zum Ober: „Bring ihna jetzt amoi das Getränk. Da vergeht die Zeit."

Zum Lehrling: „Gib' ma a Hangerl* und warm die Supp'n im Mikro stark auf. Da brauch'n s' länger."

Dann schaut sich der „Nothelfer" in den Vorräten um und schafft an:

„150 Gramm Schweinefleisch fein in Streifen schneiden. Rote und gelbe Paprikastreifen. Reis is' fertig. Jetzt machen wir ein burgenländisches Rahmgeschnetzeltes!"

In etwas mehr als einer halben Stunde hatten die Gäste ihr „Menü".

Der Betriebsprüfer aber bestellte sich sein „Mizi", der Ober wußte schon: Mineralwasser mit Zitrone, und zog sich wieder in sein Extra-Stüberl zu seiner hauptberuflichen Arbeit zurück.

Daß es dann auch noch zu einem ansehnlichen steuerlichen Prüfungsergebnis kam, zeigt, daß er auch von Steuern etwas verstand ...

★

In der Spielhöhle

Feststellungen in den Bereichen anderer Ressorts, die auch von abgabenrechtlicher Bedeutung sein können, werden von den entsprechenden Behörden der Finanzverwaltung mitgeteilt.

Bei einem Polizei-Einsatz gegen verbotene Glücksspiele im 11. Wiener Gemeindebezirk gelang es, in dem bewußten „Hinterstübchen" eine komplette Spielerrunde „auszuheben".

---

* Geschirrtuch

Die bei der polizeilichen Perlustrierung der Spieler vorgefundenen Geldbeträge wurden fein säuberlich aufgelistet und mit den zugehörigen Namen dem abgabenrechtlichen Erhebungsdienst übermittelt.

Bei der Auswertung las man dann:

Karl G.	260.400,–,	Pensionist, Wien 11, ...
Johann T.	187.000,–,	Rentner, Wien 3, ...
Stefan S.	326.260,–,	Privater, Wien 11, ...
Stanislaus K.	270.950,–,	Rentner, Wien 11, ...
René Z.	195.320,–,	Pensionist, Wien 21, ...
Leopold F.	186,–	
Kurt P.	167,–,	beide Finanzbeamte aus Graz

War der extreme monetäre Abstand zu den anderen noch dadurch zu erklären, daß die beiden Finanzbeamten keine Bezieher von offenbar so stattlichen Renten bzw. Pensionen waren, sondern dem Gehalts-Schema des öffentlichen Dienstes zuzuordnen waren, ergab sich vor allem die peinliche Frage, wie kommen Finanzbeamte aus Graz in eine Wiener Spielhöhle?

Ihre Erklärung klang glaubhaft: Sie hatten eine Dienstreise nach Wien unternommen, um Erhebungen für die Großbetriebsprüfung Graz durchzuführen und waren Opfer ihrer mangelnden Lokalkenntnisse geworden.

Der Steuerpflichtige, bei dem die beiden ermittelten, lud sie nach Abschluß der Erhebung auf einen Kaffee in ein kleines Café, gleich nebenan, ein.

Und im Café dann: „Kommen S', nebenan ist es gemütlicher."

Und schon befanden sich die beiden in der „Spielhöhle"!

Ihr Pech: Kaum hatten sie in dem ungewohnten Milieu und dem Umfeld, das sonst nicht das ihre war, erkannt, wo sie hingeraten waren, traf auch schon die Polizei ein.

Es war aber nicht schwer, Polizei und die eigene Dienstbehörde davon zu überzeugen, daß die 186 bzw. 167 Schillinge weder Spielkapital noch Spielgewinne waren.

Psychologische Strategien

Einige von den bisher bekannten

In manchen Betrieben werden besondere Strategien entwickelt, die zum Beispiel dem Prüfer eine längere Anwesenheit verleiden sollen (Verleidensmethode):

Der Kälteschock:

Als sich eine Prüferin über die Kälte in dem ungeheizten Raum beschwerte, warf der schon etwas ältliche Prokurist bedeutsame Blicke auf ihren Minirock und ihr luftiges Dekolleté:

„Kalt ist Ihnen? Kein Wunder, wenn Sie so lüftig angezogen sind!"

Die Staublawine:

Ein Prüfer konnte es sich nicht verkneifen, dem Buchhalter ein wenig säuerlich die schwarzen Manschetten seines weißen Hemdes hinzuhalten: „Jedesmal, wenn ich einen Beleg aushebe, deckt mich eine Wolke Staub und Ruß zu!"

Der Buchhalter: „Na ja, das, was Sie hier machen, ist eben eine schmutzige Arbeit!"

Tier-Terrorismus:

Gibt es im Betrieb einen unfreundlichen Hund mit abweisendem Gesichtsausdruck, oder einen, der schläft und im Traum immer wieder aufjault, setzt man den Prüfer zu ihm. Oder zu einem Papagei, der laut schreit: „Verschwind'! Verschwind'!"

Zeitverkürzung, Konversationsmaschine:

Man setzt dem Prüfer eine redebehende Dame an die Seite, die fließend wie ein reißender Strom, Unterbrechungen nicht duldend, erzählt. Erzählt von ihrer traurigen Jugend, von dem noch traurigeren Schicksal ihrer verheirateten Tocher („einen Mann wie Sie hätt' s' halt braucht ...") und von dem ganz traurigen der Freundin. Der Prüfer, angegriffen, klappt den Arbeitsbogen zu und gibt sich dem Leid der Welt hin.

Tiefgründige Einblicke behindern oft die Sicht:

Eine Mitarbeiterin in der Buchhaltung präsentiert mit Charme die Belege, mit einem Lächeln den Kaffee und offenherzig „tiefe Einblicke“ unter ihre Arbeitskleidung. Solche Einblicke behindern die freie Sicht auf die Konten.

★

Vom treuen Hund Rigo, der die Buchhaltung bewachte

In der Annahme, die Betriebsprüfung würde nicht allzu lange dauern, überließ der Unternehmer sein Arbeitszimmer dem Betriebsprüfer.

Er räumte seinen Chef-Schreibtisch, aber nicht so Rigo sein „Platzerl“.

Der blieb.

Rigo war ein stämmiger, mittelhoher Mischlingshund, selbstverständlich „total harmlos und gutmütig“.

Rigo und der Prüfer waren allein. Läppische Anbiederungsversuche ignorierte Rigo eiskalt. Aber er beschäftigte sich alsbald mit der Aktentasche des Prüfers, die am Boden, links neben dem Schreibtisch, abgestellt war.

Schwerfällig erhob er sich, watschelte zur Tasche und stieß sie mit seinem schweren Kopf um. Der Prüfer wollte sie in einer jähen Reaktion wieder aufrichten, aber Rigo war dagegen und knurrte böse. Das Spielchen wiederholte sich, der Prüfer resignierte.

Nun wandte er sich dem Karteikästchen mit den Konten zu (manuelle Durchschreibebuchhaltung) und griff nach dem ersten Kontoblatt. Sofort sprang Rigo (trotz seiner sonstigen Behäbigkeit) auf und knurrte so eindrucksvoll, daß der Prüfer das Blatt sogleich wieder fallen ließ. Beim zweiten Versuch bellte Rigo, kam näher und zeigte seine Zähne.

Der Prüfer war ratlos. Als Betriebsprüfer konnte man doch nicht den Damen der Buchhaltung eingestehen, daß man sich von einem „harmlosen und gutmütigen Hund“ fürchte. Das Image der Finanz stand wieder einmal auf dem Spiel.

Da erinnerte er sich an eine von Otto Schenk erzählte Anekdote von einer Vorstellung, noch im Kellertheater, bei der zwei Spaniels in der ersten Reihe Platz genommen hatten („Bei uns kriegt jeder a Kart'n, der zahlt.") und die jedesmal knurrten, wenn Otto Schenk an den Bühnenrand kam.

So wie damals Otto Schenk, versuchte es jetzt der Prüfer.

Mit tiefer, tragender Stimme, möglichst den Ton haltend:

„Ruhig Rigo, braver Rigo, schau das ist ein Kontoblattl, und das auch, ruhig Rigo ..."

Das wirkte. Rigo neigte den Kopf zur Seite, lauschte der Beschwörungsformel und schaute interessiert, aber fortan ruhig, dem Prüfer zu.

Dieser Dressurakt hatte aber einen Nachteil: Er war sehr zeitraubend, und die Prüfung dauerte daher wesentlich länger, als der Steuerpflichtige – auf den „Hund-Effekt" bauend – erwartet hatte.

Der Höhepunkt kam aber bei der abschließenden Besprechung. Unternehmer und Prüfer hatten im Besprechungszimmer nebenan Platz genommen. Da keuchte Rigo heran, schleifte die Aktentasche zu den Füßen des Prüfers und – wedelte!

Gegen diesen unerwarteten Beziehungserfolg wirkte der steuerliche Prüfungserfolg eher bescheiden.

Duelle

Die geschliffensten Wortduelle ergeben sich bei Schlußbesprechungen mit freiberuflich Tätigen, insbesondere in den rechtsberatenden Berufen.

Da werden scharfe Wortklingen gekreuzt, die gegenseitigen Paraden sind olympiareif. Denn auch die Gegenseite, meistens Juristen als Gruppenleiter, läßt sich nicht lumpen und pariert die Ausfälle.

Es sind aber auch die Schlußbesprechungen mit den größten Stimmungsschwankungen. Denn oft im hitzigen Wortgefecht nimmt man sich zurück, wird plötzlich ruhig, zeigt:

Wir sind ja Leut', die miteinander sachlich können! Streut ein paar Bonmots, ein Gespräch über Weinsorten ein, um sich sogleich wieder in die Ausgangsstellung zu begeben.

Und zum Schluß gibt es ein paar gegenseitige Komplimente, ein höfliches, auch anerkennendes Händeschütteln.

So werden Schlußbesprechungen zelebriert.

Nachdem so ein „Duell" schon an die drei Stunden gedauert hatte, die beiden Duellanten erschöpft waren, aber das befriedigende Gefühl hatten, ihren „sportlichen Höhepunkt" erreicht zu haben, fragte schließlich der Anwalt seinen Widerpart, den Gruppenleiter: „Sagen S', was sind Sie in Ihrem früheren Leben gewesen?"

Gruppenleiter: „Ich glaube, kein Finanzbeamter."

Anwalt: „Ich sag 's Ihnen: ein ägyptischer Hoher Priester. Spitz und unangreifbar wie eine Pyramide!"

Gruppenleiter: „Das Kompliment kann ich Ihnen zurückgeben: Dann waren Sie mit Sicherheit römischer Advokat, erstes nachchristliches Jahrhundert."

Anwalt: „Beide zu schade für das Steuerrecht von heute!"

★

Die Stimme Deines Herrn trifft Dich an allen Orten ...

Eine der vielen Vorbesprechungen bei einem sog. „Staranwalt".

Die Stimmung war schon recht angespannt, das Gewicht der Argumente neigte sich einmal der einen, einmal der anderen Seite zu.

Der Anwalt schmetterte filmreife Plädoyer-Paraden der Betriebsprüfung entgegen, der Gruppenleiter posaunte zurück: „Wir sind hier nicht im Gerichtssaal!“ Dennoch waren beide Seiten bestrebt, im Gespräch zu bleiben.

Den Gruppenleiter rührte aber weniger die Argumentation der Gegenseite als vielmehr ein innermenschliches Rühren, welches er – um den Gesprächsablauf nicht zu unterbrechen – mit allen Mitteln, zuletzt schon mit einer verkrampften Sitzhaltung, versuchte hintanzuhalten. Schließlich forderte die Natur aber so vehement den Weg ins Freie, daß er ersuchen mußte, die Toilette aufsuchen zu dürfen.

Der Anwalt – in großer Gerichtssaalpose:

„Herr Toktorrr – ich bekleithe sssie –!“

Bei der rettenden Tür angekommen, ein Hindernis, mit dem man nicht gerechnet hatte: Die Toilette war besetzt! Da zeigte der Anwalt seine Größe: Er trommelte mit geballter Faust an die Tür und rief dröhnend:

„Raus hier – die Finanz ist da!“

Und dieser Ruf hob alle von den Sitzen – glücklicherweise auch den, auf den es in dieser Minute entscheidend angekommen war ...

★

Titelprobleme

Ein jüngerer Prüfer sucht krampfhaft nach einer passenden Anrede eines Anwalts. Er weiß, der Anwalt ist Vizepräsident der Kammer, Präsident einer Kollegenvereinigung, Obmann einer Versorgungseinrichtung, Vorstandsdirektor, Aufsichtsrat und was weiß noch alles.

Der Anwalt merkt, was ihm offenbar schon öfter begegnet sein dürfte, die Ratlosigkeit des Gegenübers bei der Titelsuche.

Nachdem der Prüfer schon einige Male angesetzt hatte, „Herr ..., Herr Vize ...“, beruhigt ihn der Anwalt:

„Geh'n S', sagen S' einfach – Durchlaucht!“

★

Und auf der anderen Seite

Der Amtssekretär Heinz P., eine gestandene Prüferpersönlichkeit, betritt einen Gutshof, um sich als Prüfer vorzustellen.

Die erste, die er im Hof antrifft, ist eine eilige Hausgehilfin. Die macht gleich einen Knicks:

„Küß' die Hand, gnä' Herr", und läuft weiter.

Als der Prüfer dann vor dem Hausherrn steht, merkt er sogleich dessen leicht provozierende Distanziertheit:

„Aha, also Sie sind das. Das Personal wird sich um Sie kümmern. Und wie sind Sie anzusprechen?"

Amtssekretär H.P.:

„Wenn Sie wollen, halten Sie 's halt so wie Ihre Hausgehilfin."

„Und das wäre?"

„Die hat gesagt: Küß' die Hand, gnädiger Herr ...!"

★

Rohrkrepierer ...

Ein sehr gut verdienender Anwalt. Er erklärte auch entsprechend hohe Gewinne, aber es ergab sich im Laufe einer Betriebsprüfung die Frage, auf welche Weise die erheblichen Geldbeträge – immerhin in zweistelliger Millionenhöhe – verwendet, ob und mit welchen Zinsen sie etwa veranlagt worden sind.

Eine z. T. hitzige Diskussion. Der Gruppenleiter besteht darauf, diese Frage genau zu untersuchen. Der Anwalt springt plötzlich auf, nimmt aus dem Kanzlei-Tresor drei ausgeschriebene Sparbücher und knallt sie auf den Tisch:

„Was wollen S' da untersuchen? Es liegt hier alles offen!"

Der Gruppenleiter blättert in einem der Bücher, Guthabenstand zum 31. 12.: 12 Millionen.

In der Vermögensteuer-Erklärung waren – sage und schreibe – S 356.412,– angegeben.

Das war genau die Zinsengutschrift zum Jahresende!

„Wer war das!“ röchelte er.

Dann, drohend: „Die Stefanie!“

Und sah furchterregend aus.

Stefanie war die Kanzleileiterin und mußte die Anwaltsehre retten.

★

Ein Anwalt, der aus dem „Glashaus“ schießt ...

Ein Anwalt, der sich in extremer Weise hinter der beruflichen Verschwiegenheitspflicht verschanzte, auch über Reisekosten, Auslandsaufenthalte, Wohnungen u. a. m., so gut wie keine Auskunft gab und damit die Prüfer zu sehr viel Kleinarbeit und einigen Recherchen veranlaßte, beschwerte sich beim Gruppenleiter:

„Ein Skandal, wie man einen Anwalt mit 20 Millionen Honorarumsatz behandelt!“

Der Gruppenleiter mit seinem verbindlichsten Lächeln und in seiner weichsten kärntnerischen Tonart darauf:

„Aber Herr Doktor, des kennen wir doch nit wissen, wenn Sie von den 20 Millionen nur zwölfe erklären ...!“

★

Auch ein Angebot

Zu den Besprechungspunkten, die die meisten Emotionen hervorrufen, gehören jene an den Schnittstellen zwischen betrieblicher und privater Sphäre.

So stieg auch der Phon-Pegel im Büro eines Rechtsanwaltes rasch an, als es um die Frage ging, wo sich bestimmte teure Einrichtungsgegenstände und Installationen befinden.

Zum einen waren es Gegenstände, die, wie es in der Sprache des Verwaltungsgerichtshofes heißt, ihrer Art nach „der privaten Bedürfnisbefriedigung zu dienen bestimmt sind“, zum anderen wußte der Prüfer aus der Aktenlage, daß gerade in diesem Prüfungsjahr das Einfamilienhaus des Steuerpflichtigen fertiggestellt worden war.

Der Guppenleiter beharrte trotz eines bereits vorangegangenen heftigen Wortgefechtes darauf, die Gegenstände zu sehen:

„Also, Herr Doktor, wo sind sie?"

Der Anwalt: „Draußen."

Gruppenleiter: „In Ihrem Haus?"

„Nein, draußen in der Kanzlei!"

„Können wir uns das anschauen?"

Der Anwalt sehr bissig: „Na, wenn 's Ihnen Freude macht, bitte!"

Es stellte sich sehr rasch heraus, daß die betreffenden Gegenstände nicht in der Kanzlei waren.

Hierauf resignierte der Anwalt und ging aus sich heraus:

„Streichen Sie alles, was Sie streichen wollen. Ich bin sowieso schon ein gebrochener Mann."

Er habe längst den Überblick verloren, seit ihn seine Frau, eine Juristin, verlassen habe. Sie habe alles immer organisiert und die Aufzeichnungen geführt. Jetzt wisse er, daß mindestens 10 % des Gewinnes seine Frau eingebracht habe und schließlich, daß eine Kanzlei, wie die seine, ohne mitarbeitende Ehegattin nicht zu führen sei.

Nach einer halben Stunde der Schilderung dieser tristen Situation, will der Gruppenleiter diesem persönlichen „Outing" eines Rechtsanwalts die Peinlichkeit nehmen und auch, weil er von dieser „Offenlegung" beeindruckt ist, wirft er ein nicht ganz überlegtes „Angebot" in das Gespräch:

„Herr Doktor! Wenn Sie am Montag eine Frau haben, lasse ich Ihnen 10 % des Prüfungsergebnisses nach."

Der Anwalt lebt auf: „Was heißt eine! Zehne werd' ich haben!"

★

Die Bedingung

Notar Dr. R. hat soeben die Steuernachforderung erfahren, die sich auf Grund der Betriebsprüfung ergeben hat.

Der Prüfer hat seine Darlegung der einzelnen Prüfungsfeststellungen und deren steuerliche Auswirkung beendet.

Schweigen auf beiden Seiten.

Der Notar denkt nach.

Dann hebt er den Kopf: „Gut, ich zahle das, was Sie da verlangen. Unter einer Bedingung: Sie müssen sich verpflichten, meine Frau zu erhalten. Und ich warne Sie ...!“

★

Schlechte Kommunikation

Ein Zahnarztbesuch ist bekanntermaßen aufregend und meist auch überaus schmerzlich. Das gilt auch für einen Betriebsprüfer, selbst dann, wenn am Ende eines solchen Besuches der Hr. Dr. med. persönlich für große Erheiterung sorgt.

Das kam so!

Der Arbeitsbereich in der betreffenden Ordination war in nach oben offene Boxen eingeteilt, drei an der Zahl, mit jeweils einem Behandlungsstuhl. Es kam zu einer Art Fließbandarbeit auf höchstem Niveau! Der Arzt übte seine hohen Künste zunächst an dem Patienten in der Box 1 aus und, während seine Assistentin in dieser Box noch die Nacharbeiten erledigte, war der Hr. Dr. schon einen Arbeitsgang weiter und in der Box 2 aktiv!

Absolut ökonomisch, aber für die Beteiligten u. U. ein bißchen verwirrend!

So bekam der zu behandelnde Betriebsprüfer – auch ein Hr. Dr., wenn auch (nur) juris – japanisches Porzellan als Plombenfülle verpaßt, natürlich mit der auf der Hand liegenden Erklärung, daß dieses spezielle Material nicht vom Leistungskatalog der BVA umfaßt sei und somit vom Patienten gesondert bezahlt werden müsse.

Nach der Behandlung wollte der Hr. Dr. jur. mit der Allerweltsfrage „Was bin ich schuldig“ sein japanisches Porzellan begleichen.

Daß es letztlich nie zu einer Bezahlung kam, war vermutlich auf folgende zwei schwerwiegende Fragen zurückzuführen.

Die erste Frage von der Ordinationshilfe laut über die Boxenwand an ihren Chef gerichtet:

„Herr Doktor! Patient Box 1: Kassablock 1 oder 2??“

Dann die zweite Frage, vom Betriebsprüfer, ebenso laut gerichtet an die Ordinationshilfe:

„Warum Kassablock 1 oder 2??"

Das genügte, um dramatisches Chaos auszulösen!

Der Hr. Dr. med stürzte, wie von einer Tarantel gestochen, auf seine Angestellte und den Dr. jur. zu. In den Händen noch ein paar Instrumente und auf der Stirn die typische Behandlungslampe, wiederholte er in höchster Aufregung stereotyp immer wieder dieselben Sätze. „Der Herr Dr. zahlt nicht bar! Der kriegt eine Rechnung ... er kriegt eine Rechnung ...." Dabei schob er mit sanftem Druck den Dr. jur. bei der Tür hinaus. Dessen Frage, warum er eigentlich nicht bar zahlen dürfe, blieb unbeantwortet.

Der Betriebsprüfungsdoktor stand schließlich verdutzt vor zugeschlagener Tür.

Übrigens: Er bekam nie die angekündigte Rechnung!

Er bekam auch keinen (Behandlungs-)Termin mehr!

Die japanische Porzellanplombe hält, gleichsam wie zur Erinnerung an den damaligen, aufregenden Zahnarztbesuch, bis heute!

★

Vergeblicher Rettungsversuch

Eine Prüferin der Amtsbetriebsprüfung meldet sich in einer Steuerberatungskanzlei zur Betriebsprüfung bei Frau Leopoldine Z. telefonisch an.

Der Steuerberater: „Ist das Ihr Ernst? Weil der Edlinger Rudi seine Groscherln z'ammensuchen muß, kommen Sie jetzt zur Polderl? Ich sag' Ihnen, die Polderl, na, die Polderl rettet den Rudi a nimmer!"

★

Mit allen „militärischen Ehren!"

In einer Steuerberatungskanzlei voller martialischer Dekorationsstücke:

Über dem Schreibtisch schwebt der Propeller eines Flugzeuges, angeblich aus dem ersten Weltkrieg, auf dem Schreibtisch das

Modell eines US-Flugzeugträgers, an den Wänden Bilder von Kriegsschiffen und Flugzeugen und über dem Fauteuil zwei gekreuzte Degen.

Die Prüfungsfeststellungen sind eindeutig, allerdings nur deshalb, „weil die Gesetze so haarsträubend unvernünftig sind"!

Der Steuerberater, der immer wieder betont, er könnte schon zwei Jahre in Pension sein, gebe aber den „Kampf nicht auf", erklärt abschließend der Prüferin:

„Wir zwei armen Schweine müssen uns hier an der Front im Schützengraben die Schädl einschlagen, weil die Etappenschweine, die die Gesetze machen, keinen Schuß Vernunft von sich geben! Gut, ich schließe mit Ihnen einen strategischen Waffenstillstand, mit allen militärischen Ehren!"

Erhebt sich, schlägt „die Hacken zusammen" und küßt der Prüferin die Hand.

★

Das Individuelle in der Betriebsprüfung

Steuerberater zum Dienststellenleiter einer Großbetriebsprüfungsstelle:

„Aber Herr Hofrat, man kann doch nicht alle Steuerpflichtigen und alle Betriebe über einen Kamm scheren!"

Dienststellenleiter seufzt:

„Ich kann Sie beruhigen. Ich habe hier im Haus rund 200 Kämme. Und glauben Sie mir, jeder schert anders!"

★

Optische Täuschung!?

Eine Steuerberaterin übte ihren Beruf trotz ihres fortgeschrittenen Alters immer noch aus. Entsprechend waren auch ihre Erklärungen und Eingaben, destruktiv, verwirrend und zum Teil auch beleidigend.

Eines Tages kam ein langes Schreiben ihres Gatten. Er teilte dem GA* Vorstand Dr. L. mit, seine Frau sei ins Spital eingeliefert worden, die Ärzte gäben ihr nur noch wenige Tage bis Wo-

* Geschäftsabteilung

chen. Er entschuldige sich sehr für die altersbedingten Fehlleistungen seiner Gattin.

Zirka zwei Wochen nach diesem „Nachruf" saß Dr. L. in seinem Zimmer. Es klopfte.

Wer kam herein!?

Die besagte Steuerberaterin, groß, hager, mit grauer Gesichtsfarbe und in schwarzer Trauerkleidung – ihr Mann war verstorben!

Vom grünen Forst zur braunen Scholle, vom Keller zum Stall, vom Heu zum Mist, Ökonomierat – Prälat – Fürst

Die ganze eigene Welt der landwirtschaftlichen Prüfergruppe

Da die großen Gutsbetriebe meist abseits von Raum-Strukturen liegen, die für die Grundbedingungen des Lebens wichtig sind – Essen, Trinken, Schlafen – erleben die Prüfer dieser Gruppe die Wechselfälle des Außendienstes, insbesondere seine Härten, besonders intensiv.

„Gesinde, Vieh und Betriebsprüfer"

Oft ist das nächstgelegene Dorfgasthaus eine gehörige Wegstrecke entfernt und nur auf Gäste von Freitag abends bis Sonntag eingestellt. Kommt man außerhalb der „üblichen Geschäftszeiten" auf ein Glas Bier oder Saft, empfindet man sich selbst als Störenfried, der das Wirtsehepaar von einer viel wichtigeren Arbeit im Garten, Feld oder Stall abhält.

Wohl oder übel ist also der Prüfer nicht selten auf die Versorgung durch den jeweiligen Gutsbetrieb angewiesen. Die Bereitwilligkeit zu diesem „Not-Gastrecht" ist auch durchwegs vorhanden.

Ein Rentmeister antwortete bei der telefonischen Anmeldung des Prüfers auf die Frage nach einer Versorgungsmöglichkeit:

„Wir versorgen alles. Unser Gesinde, unser Vieh und Betriebsprüfer."

★

Unterschiedliche Unterbringung

Da sitzt man einmal bei „Mägden und Knechten" – am lustigsten –, ein andermal am Tisch der Rentmeisterei – am trockensten – oder an der Familientafel – oft am bescheidensten, dann nämlich, wenn gerade in der betreffenden hocharistokratischen Familie eine anerzogene Bescheidenheit in der Lebensführung Tradition ist.

Andererseits kann die jeweilige Qualität der Unterbringung auch das mentale Verhältnis der Herrschaft zum Steuerzahlen zeigen, und betonte Bescheidenheit eine vorsorglich demonstrative Abwehr eventueller Steuernachzahlungen sein.

Opulent oder bescheiden – der Prüfer wird in den herrschenden Lebensstil eingefangen.

Ein Prüfer aß mit den Klosterbrüdern. Menü: Klostersuppe, Gemüse-Eintopf, ein Apfel.

Der andere wurde am ersten Tag zu einem 8-gängigen Menü eingeladen.

Das war aber eine besondere, nicht alltägliche Geschichte.

Manch ein Gutsbesitzer, nämlich der, der einen repräsentativen Besuch erhält, dem er imponieren möchte, zeigt sein Rassepferd, eine wurffreudige Muttersau, im Wald den 24-Ender und – wenn einer grad zur Hand ist – führt er auch „seinen" Betriebsprüfer vor.

Und der nahm dann an einem 8-gängigen Abendessen teil, lernte dabei eine Anzahl Botschafter, Botschaftssekretäre und Kulturattachés kennen – das gefiel ihm.

Am nächsten Morgen mußte er um 4 Uhr früh – als absoluter Nicht-Weidmann – mit zur Jagd. Das gefiel ihm gar nicht. Der mit der Klostersuppe lebte gemütlicher und gesünder.

★

Ein Oberfinanzpräsident von Nordrhein-Westfalen verfügte einmal, daß dann, wenn die nächste Möglichkeit zur Einnahme eines warmen Essens mehr als 2 km entfernt ist, die Einladung zu einem Essen angenommen werden darf, der Prüfer sich aber mit einer „Aufmerksamkeit gegenüber dem Dienstpersonal" oder einem Geschenk an die Kinder „erkenntlich zeigen müsse".

Auch das war keine Lösung. Denn der Bräutigam eines Hausmädchens soll das sehr mißverstanden haben und die Rückgabe des mit roten Herzen bemusterten Halstuches verlangt haben. Ein andermal machten sich die verwöhnten Kinder der Gutsbesitzer über die erhaltene, billige Blechtrompete lustig („was soll der Schmarrn") und die Eltern waren verärgert ob des Krawalls.

★

Amtsrat Johann L. war zwei Stunden in einem ländlichen, mit Herz gekennzeichneten Häuschen eingesperrt, weil der rostige Schlüssel abgebrochen war.

Das aber konnte ihm nicht passieren, als er auf einer echten, nämlich als alt erhaltenen Burg einquartiert war, und als Toilette ein halb mit Wasser gefüllter Kübel im Nebenraum diente.

Johann L. war mehrere Wochen schon mit der Prüfung eines Gutsbetriebes beschäftigt. Eines Abends bekam er Appetit auf Gasthaus-Kost und wanderte in das knapp zwei Kilometer entfernte Dorfgasthaus. Dort kam man ins Gespräch, man lud sich gegenseitig auf ein Viertel und noch eines ein, auch auf ein paar Schnapserl.

Es war spät geworden, als Johann L. den Rückweg zum Gut antrat.

Sein Zimmer lag in einem etwas abseits vom Haupthaus gelegenen Nebengebäude. Das Haustor war verschlossen, niemand im Haus.

Da entdeckte er das offene Fenster. Als langgedienter Landwirtschaftsprüfer wußte er, wo in einem Gutsbetrieb immer eine Leiter zu finden ist.

Er schleppte sie unter Aufbietung all seiner Kräfte zum Fenster und war schon im Begriffe einzusteigen, da hielt eine eben vorbeifahrende Gendarmerie-Streife mit quietschenden Bremsen. Die Beamten riefen ihn scharf an und nahmen ihn trotz Beteuerungen und Dienstausweises mit auf den Posten.

Nach „Feststellung der Identität" führten ihn die beiden Beamten freundlicherweise wieder in sein Quartier zurück, und jetzt konnte er unter dem bewachenden Auge der österreichischen Exekutive endlich in sein Zimmer „einsteigen".

★

Argumentation in der Landwirtschaft

Der Betriebsprüfer AR Heinz P. hat den nicht unbegründeten Verdacht, daß eine im Landwirtschaftsbetrieb geführte Arbeiterin eher dem privaten Haushalt – als Köchin, Aufräumerin u. a. m. – zuzurechnen wäre.

Die Diskussion mit dem Landwirt wird z. T. recht temperamentvoll geführt.

Der Landwirt wird schließlich laut:

„Na, dann fragen Sie sie halt selbst!"

Die Arbeiterin kommt mit großem Kopftuch.

Der Prüfer macht es kurz:

"Geb'n S' das Tüchl aus dem G'sicht!"

Er schaut ihr ins Gesicht und stellt mit Überzeugung fest:

„Na – Sie sind zu blaß, Sie arbeiten net am Feld. Wenn S' wenigstens Sommersprossen hätten. Aber so, des is a typisches Kuchlg'sicht!"

Das war genau die Argumentation, die dem Landwirt einleuchtete.

★

Unterschiedliche Fürbitten?

Während der Betriebsprüfung eines landwirtschaftlichen Betriebes im nördlichen Niederösterreich fand in dem kleinen Ort eine Ernte-Bittprozession statt.

Der Prüfer, praktizierender Katholik und mit dem bäuerlichen Brauchtum vertraut, nahm ebenfalls daran teil und reihte sich neben „seinem" Steuerpflichtigen ein.

Der raunte ihm halblaut zu: „Wir beide werden wohl kaum die gleichen Fürbitten haben!"

Der Prüfer raunte zurück: „Die Finanz ist genauso an jedem guten Ertrag interessiert – wegen der Beteiligung ...!"

★

Eine eher fragwürdige Speisekarten-Huldigung

(Wirte scheinen in besonderer Weise Gefahr zu laufen, – branchenbedingt – ins Fettnäpfchen zu treten ...)

Die Betriebsprüfung in einem herrschaftlichen Gutsbetrieb näherte sich ihrem Ende. Die meisten Einzelfragen waren bereits mit dem Rentmeisteramt geklärt worden. Nur bei zwei schwerwiegenderen Feststellungen verhärteten sich in der „Plenarrunde" – Rentmeister, Steuerberater, Betriebsprüfer – die Standpunkte schier aussichtslos.

Da gesellte sich die Gutsherrin, Gräfin Christine, eine sehr liebenswürdige, humorvolle Dame zu der bereits langsam resignierenden Männerrunde. Sie belebte das fast schon totgelaufene Gespräch mit charmanten, fachlich total unbelasteten Einwürfen wieder, die aber zur Verblüffung der Fachleute doch das Wesentliche, wenn auch von einem anderen Blickpunkt, berührten.

Es gelang ihr, die Standpunkte aufzuweichen und letztlich auch beide Seiten zur Aufgabe ihrer Igelstellung zu bewegen.

So ging man, erleichtert und in gelockerter Stimmung, in die gutsherrschaftliche Schloßtaverne zum gemeinsamen Abschluß-Essen.

Der Pächter begrüßte untertänigst die „gnädigste Frau Gräfin Christine“ und erkundigte sich nach den Wünschen der Gäste.

Einer der Prüfer, gelöst, die Speisekarte in der Hand, begann genießerisch:

„Tja, ich hätte gerne die GEFÜLLTE KALBSBRUST A LA ...“ und hielt plötzlich erschrocken inne.

Was da auf der Karte stand und ihn so schockierte, war nämlich die nähere Bezeichnung dieser Brust:

„GEFÜLLTE KALBSBRUST A LA GRÄFIN CHRISTINE“.

Das brachte er nicht über die Lippen.

Und so bestellte er: „KALBSKOPF NACH ART DES HAUSES“.

Was man später erfuhr: Der Forstmeister hatte nach dem Essen von dem unglückseligen Wirt eine Erklärung für diesen Fauxpas verlangt und zur Antwort erhalten:

„Aber Herr Diplomingenieur, das war wirklich ein Familienrezept von der Frau Gräfin!“

Es gibt eben Huldigungen, die gehen unweigerlich daneben.

★

Die Härte des Außendienstes zeigt sich auch bei der Nahrungsaufnahme

Der dunkle Ratschluß des Gruppenleiters und die Dringlichkeit des Prüfungsplanes beorderte zwei Prüfer der Landwirtschaftsgruppe zu einer Gutsherrschaft mit „durchlauchtigem“ Namen und einer historischen Aura.

In diesen Häusern wird das Habsburg-Zeremoniell, welches – weil auf der spanischen Hofetikette beruhend – das strengste Europas war, auch heute noch, wenigstens zum Teil, hochgehalten.

Nach der Schlußbesprechung waren die beiden Prüfer zum Mittagessen am Familientisch eingeladen.

Es war eine sehr große Familie und ein sehr großer Tisch.

Jedoch die Quantität der Speisen dürfte weder der einen noch der anderen Größe entsprochen haben.

Entsprechend dem Hauszeremoniell bekam zuerst das Familienoberhaupt vorgesetzt und anschließend – streng abgestuft nach dem Rang innerhalb der Familie – erhielten auch alle anderen links und rechts an der Tafel die Speisen. Wie gesagt, die Familie war groß, weshalb unsere beiden Prüfer ihre Plätze am unteren Ende der Tafel hatten.

Kaum hatte der Chef der Familie Löffel, Gabel oder Messer nach einem Gang zurückgelegt, mußte streng nach Etikette – wie weiland bei Kaisers – auch für alle anderen der jeweilige Gang beendet sein. Man konnte höchstens noch unauffällig ein wenig kauen und schlucken, vorausgesetzt, man hatte in der kurzen Zeit so viel erwischt, daß noch etwas zum Schlucken blieb.

Denn der Nachteil aller anderen, vor allem derer, die am unteren Teil der Tafel saßen, war, daß sie – je weiter vom Platz des Oberhauptes entfernt – desto später serviert bekamen und daher die Zeit, die für den betreffenden Gang zur Verfügung stand, durch behendes Abservieren immer mehr auf ein Minimum reduziert wurde.

Unsere beiden Prüfer – unerfahren in diesem Handikap-Rennen der Nahrungsaufnahme – waren so verblüfft, daß sie, die viel zu langsam zu löffeln begonnen hatten (erstens, weil die Suppe heiß war und zweitens, weil sie meinten, das wäre die feine Art) kaum zu zwei Löffeln Suppe gekommen waren.

An Widerstand war nicht zu denken, und der Teller war weg, eh man sich's versah.

Auch wenn die beiden bei den folgenden Gängen – nun mit schon mehr Erfahrung um ihr Leben gabelten, schlürften und schluckten – dadurch, daß sie immer zu denen gehörten, die zuletzt serviert bekamen, aber allzubald wieder den zu drei

Vierteln noch vollen Teller los waren, konnten sie von der dargebotenen Gastfreundschaft nur sehr unvollständig Gebrauch machen.

Betriebsprüfer, wie sie waren, erkannten sie auch bald, daß hier die Ausbeute mager bleiben würde.

Sie verabschiedeten sich – das Knurren ihres Magens wurde von dem des Hofhundes überdeckt – und stillten im nächsten Dorfgasthaus ihren Hunger bei einem bescheidenen, aber ausreichenden Gulasch ...

Von heiter bis wechselhaft merkwürdig

Morgenstunde

In einer großen Baufirma pflegte der schon fast achtzigjährige Firmenchef, etwas vergeßlich, aber sehr aktiv und souverän, täglich zwischen 8 und 9 Uhr durch die Stockwerke seines Bürogebäudes zu gehen und mit einem laut schallenden „Guten Morgen", welches weniger nach einem guten Wunsch als nach einem Trompetenstoß, „An die Arbeit Ihr Schlendriane", klang, seinen Mitarbeitern Schwung und Arbeitseifer zu signalisieren.

Eines Tages polterte er ärgerlich zum Personalchef hinein und schimpfte:

„Da liest doch tatsächlich einer im 2. Stock um $^1/_4$ 9 Uhr die Zeitung!"

Der Personalchef gibt sich ebenfalls empört und – vergißt die Sache.

Die Woche darauf stürzt der Chef mit hochrotem Kopf wütend zum Personalchef und ruft:

„Der Kerl fliegt, der Kerl fliegt! Den hab ich nun zum dritten Mal beim Zeitunglesen erwischt. Werfen S' den sofort hinaus!"

Der Personalchef fragt, aufgescheucht, wie denn der Mann heißt, wo er sitzt.

Der Chef: „Im 2. Stock, in dem großen Eckzimmer. Ausschauen tut's dort, so kann kein Mensch arbeiten!"

Der Personalchef verdattert: „Herr Chef, in dem Eckzimmer ..., ich glaub, den können wir nicht hinauswerfen, das ist der Betriebsprüfer!"

★

Mißverständnis

Die Anmeldung zur Prüfung eines Betriebes erfolgt in der Regel telefonisch.

So zum Beispiel einmal: „Grüß Gott! Hier Sailer, Groß-BP Wien!"

Darauf die kurze und bündige Antwort: „Danke! Wir kaufen keinen Benzin!" und aufgelegt.

★

Fremdenverkehr

Betriebsprüfung bei einem Wiener Unternehmen, das die Generalvertretung einer Schweizer Markenuhren-Firma zum Gegenstand hatte.

Besprechungspunkt: Repräsentationsausgaben*.

Irgendwie war es der Geschäftsführung gelungen, in einem schon einige Jahre zurückliegenden Veranlagungsverfahren einen fixen Prozentsatz vom Umsatz auszuhandeln, bis zu dessen Höhe das Finanzamt Repräsentationsausgaben unter der Annahme, daß die Werbung überwiege, als Betriebsausgaben anerkennen würde.

Und auch diesmal verteidigte der Unternehmer beharrlich diesen Prozentsatz und argumentierte damit, daß man die drei maßgeblichen Schweizer, zwei Direktoren und den „Einser-Prokurist", alljährlich nach Wien einladen müßte, weil nur dann mit der möglichst frühzeitigen Lieferung der gewünschten Kontingente zu rechnen sei.

Der Prüfer: „Ja, aber Ihr Umsatz hat sich doch seither verfünffacht! Und es sind immer dieselben drei Personen, die Sie einladen. Die können doch jetzt nicht das Fünffache an Bewirtung konsumieren."

Der Unternehmer: „Schau'n S' Herr Prüfer: Für Schweizer ist Wien so etwas wie für uns Paris. Es bleibt da nicht beim Essen und Trinken allein – wenn Sie verstehen, was ich meine?"

Prüfer: „Sehr gut! Aber diese Herren sind mit den Jahren auch älter geworden. Da wird doch ihr Appetit wohl auch in dieser Richtung eher geringer geworden sein und sich nicht noch vervielfacht haben!"

Der Unternehmer lehnt sich zurück, lächelt beziehungsvoll und erklärt dem wesentlich jüngeren Prüfer:

„Lieber Herr Prüfer – ich sag Ihnen und glauben Sie 's mir: Je älter die Herren, desto teurer die Damen! Der Prozentsatz müßte valorisiert werden!"

★

---

* Repräsentationsausgaben sind nichtabzugsfähige Ausgaben der privaten Lebensführung, es sei denn, sie dienen überwiegend der Werbung (§ 20 EStG 1988).

Ein Fall überzeugender Argumentation – sportlich ausgetragen

In einem Betriebsprüfungsfall, einem großen Folienwalzwerk, nahm wegen der Bedeutung des Falles, aber auch wegen des Ansehens des alten Kommerzialrates, auch der Abteilungsleiter, der legendäre Dkfm. Wache, an der Schlußbesprechung teil.

Nur hinsichtlich eines einzigen Punktes konnte – trotz stundenlangen Bemühens – keine einheitliche Auffassung erreicht werden: Der Abgabepflichtige, eine patriarchalische, beeindruckende Unternehmerpersönlichkeit, blieb hartnäckig dabei, daß die Halle für die neue Produktionsmaschine lediglich die Umhüllung dieser Maschine sei und daher auf dieselbe Nutzungsdauer, 5 Jahre, abgeschrieben werden müsse, nicht länger.

Schließlich resignierten beide Seiten und man brach die Besprechung ab.

Auf dem Weg zurück in das Verwaltungsgebäude, gerade auf der Brücke über den Werkskanal, meinte der Kommerzialrat, schon etwas müde:

„Wir können halt nicht über unseren Schatten springen, so wenig wie einer von uns beiden in den eiskalten Kanal da springen würde!“

Darauf Oberfinanzrat Wache: „Ich spring schon!“

Immerhin es war März, der Werkskanal wirklich eiskalt.

Wache blieb dabei: „Ich spring, falls es für mich da eine Badehose gibt.“

Mit einem Male war wieder Leben in den beiden Teams, in der Gruppe der Prokuristen, Buchhalter, Betriebsprüfer. Die Frage der AfA war plötzlich auf eine extremsportliche Ebene katapultiert worden.

Tatsächlich, eine halbwegs passende Badehose wurde aufgetrieben und – Wache sprang!

Applaus, Begeisterung.

Der bisher unbeugsame, halsstarrige Kommerzialrat, ganz Haltung, verbeugte und beugte sich:

„Herr Oberfinanzrat, ich kapituliere. Die Frage der AfA ist in Ihrem Sinne gelöst.“

Was die aber alle nicht wußten: Wache war aktives Mitglied des Vereines „Verkühle dich täglich“, Aktivisten, die alljährlich auf der Alten Donau das Eis aufhackten, um ein kühles Bad zu nehmen!

Beim Verabschieden murmelte der eine Prokurist dem Prüfer zu:

„Eins muß ich Ihnen sagen: Die Finanz arbeitet wirklich schon mit allen Mitteln!"

★

Derselbe Wache, mit trockenem Humor im Brünner-Deutsch, entgegnete dem Argument eines Unternehmers, daß er sich eine Jagd nur wegen seiner schottischen Geschäftsfreunde halte und sie daher „ausschließlich betrieblich bedingt" sei:

„Na ja, wissen Sie, da können wir gar nichts machen, denn was wäre jetzt, wenn a Steuerpflichtiger kommt mit türkischen Geschäftsfreunden und behauptet, er misse sich aus betrieblichen Grinden einen Harem halten!"

★

Fußballmatch

Manchmal wird eine Betriebsprüfung von den Betroffenen als sportlicher Wettbewerb aufgefaßt. Ein durchtrainierter und erfolgreicher Unternehmer hielt es schlicht und einfach für unmöglich, daß es im Zuge der Betriebsprüfung zu irgendeiner Feststellung kommen könnte. Aber für völlig ausgeschlossen hielt er es, daß eine Feststellung zu seinem Nachteil getroffen werde. Er war ohne steuerliche Vertretung und hat sich mit der fragenden, fast kecken Bemerkung „Na! Mach ma heute wieder ein Match!?" immer wieder wacker den Fragen des Betriebsprüfers gestellt.

Doch je länger das „Match" dauerte, desto gravierender wurden die Feststellungen der Betriebsprüfung und – na klar – desto ungehaltener wurde der sportive Chef. Am Ende wurde ihm die gesammelte Liste übermittelt und Punkt für Punkt durchgesprochen.

Punkt 1, Punkt 2, Punkt 3, Punkt 4! Plötzlich springt der Geprüfte auf und meldet sichtbar ungehalten und hörbar laut: „Jetzt steht es schon 4:0 für Sie! Wann werde denn ich meine Tore schießen?"

Die trockene Antwort des Prüfers: „Das weiß ich nicht", brachte das Vis-a-Vis völlig in Rage. Er stürzte zur Tür hinaus und –

oh Schreck – er hatte vergessen, daß er den Betriebsprüfer einstens im Dachkammerl einquartiert hatte. Der Prüfer hörte nur mehr ein Poltern und dann lautes Wehklagen! Am Ende der Stiege lag der „Fußballer". Als sich der Betriebsprüfer im Erste-Hilfe-Versuch über den Wimmernden beugte, kam gerade die Gattin und schrie in heller Aufregung „Was machen Sie mit meinem Mann?"

Mit der kärntnerischen Antwort des Prüfers: „Wir hab'n grad a Match g'habt und jetzt ist Ihr Mann verletzt", konnte die liebe Gattin – deutlich erkennbar – wirklich nichts anfangen. Gottlob war die ärztliche Diagnose mit Knöchelverstauchung nicht allzu schlimm.

★

Bettgeschichten der anderen Art

Geht es in der steuerlichen Diskussion um die Abgrenzung der privaten von der betrieblichen Sphäre, schrecken mitunter Steuerpflichtige auch nicht davor zurück, „Bettgeheimnisse" in die Argumentation zu werfen.

Ein Unternehmer-Ehepaar, beide Ehegatten im Betrieb tätig, hatte das Gebäude, in dem sich sowohl die Betriebs- als auch seine Privaträume befanden, von der G.m.b.H., an der es beteiligt war, gemietet.

In der Steuererklärung war die Miete für das gesamte Gebäude als Betriebsausgabe abgesetzt worden.

Die Betriebsprüferin, auf eine Diskussion vorbereitet, welcher Anteil der Miete auf die betriebliche und welcher auf die private Nutzung entfallen sollte, mußte schließlich erkennen, daß hierüber „net amal diskutiert werden kann!"

Die Hinweise auf Küche, Kinderzimmer, Bügelzimmer, Bad und Schlafzimmer wurden von der Ehegattin abgeschmettert mit einem resoluten:

„Bei mir gibt's überhaupt keine private Nutzung! Bei mir geht die Arbeit bis ins Bett!"

Auf der Heimfahrt meinte die Prüferin, noch immer fassungslos, zum Gruppenleiter:

„In welcher Branche arbeit' die wirklich?"

★

Ein Anwalt:

„Glauben Sie mir! Meine Frau ist ja auch Juristin, und wir arbeiten beide noch im Bett. Und das seit Beginn unserer Ehe! Wir sind eh schon ganz hin. Halten Sie das für so beneidenswert?!"

★

Ein Ziviltechniker hatte in seinem überwiegend privat genutzten Einfamilienhaus auch zwei Archivräume eingerichtet. Hierfür machte er von sämtlichen Baukosten sowie von den Anschaffungskosten der gesamten Einrichtung 25 % als anteiligen betrieblichen Aufwand geltend.

Der Prüfer hörte sich geduldig die langatmige, teilweise heftige Argumentation des Steuerpflichtigen an und fragte dann, nach Versiegen des Redeschwalls, in die Stille:

„Und wie ist das mit dem Französischen Bett? Wer benützt den 25 % betrieblichen Teil?"

★

Raumnutzung, bei der man nur den Plafond sehen kann

Ein Betriebsprüfer wollte erfahren, ob das als Betriebsvermögen bilanzierte „Belegschafts-Ferienhaus" an der Alten Donau tatsächlich von der Belegschaft benützt wird. Er fragte dazu eine Angestellte in der Buchhaltung, ob sie dieses Ferienhaus kenne.

„Nein", lautete, etwas vergrämt, die Antwort, „das kennt nur Frau Gisela, die Chefsekretärin." Und dann der bissige Zusatz: „Und die kennt nur den Plafond! Die hat nämlich hier im Haus einen gewissen Bettvorteil!"

★

Eine mißlungene Argumentation

Ein Prüfer litt sehr unter der lästigen Neugierde des Buchhalters. Der sah ihm immer wieder einmal links, einmal rechts, über die Schulter und quälte den Prüfer:

„Was hab'n S' denn da?" „Was woll'n S' denn mit dem Beleg?"

„Oje, Sie schreiben aber viel" ... u. a. m.

Der Prüfer hält gerade das Konto „Schadensfälle" in der Hand.

Der Buchhalter: „Ja was suchen S' denn jetzt auf dem Konto Schadensfälle?"

Der Prüfer (jetzt gereizt): „Ihr Gehalt."

Für den Buchhalter war das aber nicht überzeugend.

Er beschwerte sich über den Ton des Prüfers.

(Bei seiner Rechtfertigung vor dem Gruppenleiter bat der Prüfer um Zuerkennung mildernder Umstände, denn die Qualität des Kaffees, den er während der Prüfung zu trinken bekam, wäre Buße genug gewesen.)

★

Späte Erkenntnis

Ein junger, hoffnungsvoller Prüfer hatte noch nicht lange alle vorgesehenen Schulungen und Prüfungen auf dem Weg zum selbständigen Betriebsprüfer mit Anstand hinter sich gebracht und fühlte sich dementsprechend voll fit und allen kommenden Fragen und Situationen selbstverständlich gewachsen.

In diesem Zustand, der sich fast immer noch für alle Beteiligten als gefährlich erwiesen hat, wurde er auf ein Ziegelwerk im nördlichen Niederösterreich losgelassen.

Das eigentliche Sagen hatte im Unternehmen der Schwiegersohn des Steuerpflichtigen, und der fiel dem Prüfer schon zu Beginn durch ein paar „ganz vernünftige" Äußerungen soweit auf, daß er in ihm so etwas wie einen gleichwertigen Gesprächspartner sah.

Und so ließ er bald ein betriebswirtschaftliches Statement nach dem andern los, äußerte sich kritisch über die Führung des Unternehmens und bot bereitwillig gleich entsprechende Lösungen an.

Sein „Gesprächspartner" hörte eine ganze Weile ein bißchen belustigt zu, klopfte dann dem Prüfer wohlwollend auf die Schulter und sagte: „Interessant, interessant, was Sie da sagen, aber wir könnten ja dieses betriebswirtschaftliche Seminar im Beisl nebenan bei einem Bier fortsetzen."

Und dort kam dann die schreckliche Stunde der Erkenntnis:

Der Prüfer hatte sich in fast dozierender Weise mit einem ordentlichen Professor der Wirtschaftsuniversität unterhalten, international anerkannter Buchautor, damals noch Staatssekretär.

Es war Professor Koren, der spätere Finanzminister ...
Der Prüfer war stehend k. o. ...

★

Das Spiel ging zu weit

Wie in jedem größeren Betrieb unterliegt auch in der Finanzverwaltung der Außendienst der besonderen Aufsicht.

Hofrat Dr. F. war ein solches Organ der Dienstaufsicht. Und man wußte in Prüferkreisen, daß er besonders gern an Freitagen nachmittags kontrollierte.

Nun liebten zwei miteinander befreundete Prüfer, Egbert H. und Leo P., ein eigenartiges Spiel.

War der eine im Außendienst beschäftigt und der andere im Büro, dann rief der Innendienstler an und meldete sich mit gut verstellter Stimme:

„Hier Hofrat F., ich habe Sie schon gesucht!"

Begann sich dann der jeweils andere aufgeregt für eine etwas längere Mittagspause oder einen anderen eventuell zu mißbilligenden Umstand zu entschuldigen, brach der liebe Kollege am anderen Ende in ein schallendes Gelächter aus. Und das verstärkte sich natürlich, je mehr der andere eine deftige Schimpfkanonade losließ.

Erklärbar ist dieses Spiel ja nur mit der bekannten Tatsache, daß eine stark konzentrierte geistige Tätigkeit oft nach einem Ventil besonders einfacher Denkungsart drängt.

An einem Tag, an dem der Innendienstler offenbar an besonderer „Arbeitslosigkeit" litt, rief er den Kollegen in einem Betrieb an der nordwestlichen Ausfahrt von Wien zweimal an, um 11.00 Uhr vormittags und um 14.00 Uhr.

Es war Freitag.

Um 15.00 Uhr rief tatsächlich der original Hofrat Dr. F. an.

Der Außendienstler explodierte jetzt:

„Ja, i' waß, Du Trottel, hör endlich mit der blöden Anruferei auf!"

Das sonst übliche Hohngelächter auf der anderen Seite blieb aus. Von der Stille überrascht, brach der Tobende ab. Stille auf beiden Seiten.

Dann Hofrat F. (eisig):

„Hier Dr. F.!! Wissen Sie, mit wem Sie sprechen?!"

Es fanden sich nur wenige und sehr armselige Ansätze zu einer vertretbaren Erklärung.

Die Folge: Ein Punkt mehr auf der Tagesordnung der nächsten Dienstbesprechung.

★

Man könnte sich 's aussuchen!

Der Unternehmer wollte es sich zunächst nicht eingestehen.

Der junge Prüfer war schlichtweg perfekt! Nicht nur, daß er in rechtlicher Hinsicht Steuerberater und Prokurist mühelos Parole bieten konnte, zeigte er vor allem bei der Darlegung seiner Nachkalkulation ausgezeichnete betriebswirtschaftliche Kenntnisse und nannte auch den einen und anderen Schwachpunkt im Betriebsablauf.

Der Unternehmer für sich: „Ein intelligenter Bursche, angenehme Umgangsformen ..."

Am Ende der Betriebsprüfung, in einem schon wieder gemütlicheren Gespräch, begann er sehr vorsichtig, mit vielen hm und äh. ...:

„Sie könnten wir hier brauchen!"

Und nach einer Pause:

„Hm, ich habe, äh, zwei Töchter, Sie haben sie ja gesehen.

Hm, als Vater weiß man ja nie, was noch kommt ... äh, hätten Sie äh, ... Interesse ...?"

★

Delegierte von der „Sündigen Meile"

Es war eine für beide Seiten ungewöhnliche Schlußbesprechung.

Ungewöhnlich für den Amtsvorstand – der Personenkreis.

Ungewöhnlich für die „anderen" – der Ort dieser Veranstaltung: das Vorstandszimmer eines Wiener Finanzamtes.

Die „anderen": Sechs Damen und ein Herr mit – trotz aller zivilisatorischer Eindämmungen – abenteuerlichem Outfit. Alle waren „gunstgewerblich" beheimatet in der „Sündigen Meile" am Wiener Gürtel.

Es ging um die Besteuerung eines Gewerbes, das – wie man mit Fug und Recht annehmen konnte – sehr abseits vom Erfahrungsbereich des Herrn Vorstandes lag.

Der Ungewöhnlichkeit der Situation, auch der abgabenrechtlichen, Rechnung tragend, beschloß der Amtsvorstand, sich entsprechend vorzubereiten und in der einschlägigen Literatur (des Abgabenrechts natürlich) nachzulesen.

Und er staunte, wie lange und wie sehr die Rechtslage in der Zuordnung dieser Einnahmen uneinheitlich war.

Die Auffassung des alten Reichsfinanzhofes, daß es sich um keine steuerbaren, weil keine wirtschaftlichen Leistungen handle, mußte ebenso aufgegeben werden, wie die in einer Revision vertretene Meinung, so etwas sei „höchstens das Zerrbild einer sonstigen Leistung". Die Rechtsprechung dürfe keinesfalls über den „resignierenden Gesetzgeber" hinausgehen und die „Steuerwürdigkeit der geschlechtlichen Hingabe" feststellen.

Gegen die Zuordnung zu den Einkünften aus Vermietung und Verpachtung sprach, daß es sich bei Prostitution nicht um die Gebrauchsüberlassung eines unbeweglichen Wirtschaftsgutes handle, denn der Körper der Prostituierten sei weder Wirtschafts- noch unbewegliches Gut.

In einer Beschwerde an den österreichischen Verwaltungsgerichtshof wurde behauptet, es liege überhaupt kein Leistungsaustausch vor, denn ein solcher setze auf beiden Seiten eine Vermögensvermehrung bzw. eine Vermögensminderung voraus. Es liege aber weder auf Seite der „Dirne" eine Vermögensminderung, noch auf Seite des „Freiers" eine Vermögensmehrung vor und daher auch keine „Teilnahme am allgemeinen wirtschaftlichen Verkehr".

Der Gerichtshof konterte damit, daß es für die „Teilnahme am allgemeinen wirtschaftlichen Verkehr" genüge, wenn die angebotene Leistung „am Markt" nachgefragt werde, und das könne man bei einer Tätigkeit, die als „das älteste Gewerbe der Welt" gilt, nicht leugnen.

So gerüstet und mit der Absicht, ohne persönliche Wertung den Fall nicht anders als den eines Wanderhändlers mit Bio-Obst abzuhandeln, begab sich der Vorstand zur Besprechung.

Der Prüfer, von der Großbetriebsprüfung delegiert, betrat gemeinsam mit den „Schönen der Nacht" und ihrem zugehörigen Herrn das Besprechungszimmer. Die Damen auf nobless herausgeputzt, mit merklicher Anstrengung auf seriös getrimmt, in einer berauschenden Wolke unterschiedlichster Parfums. Sehr aufgeregt. Immerhin – das Finanzamt, ein Vorstand, eine Schlußbesprechung, alles Dinge, die auch in ihrem Erfahrungsbereich etwas Besonderes waren.

Der Vorstand, sichtlich um Ruhe und Beruhigung bemüht, spricht fast salbungsvoll von der Bedeutung und Notwendigkeit der Steuern, und blickt – um Verständnis werbend – unverwandt auf den einen der beiden Herrn.

„Alle Merkmale der Einkünfte eines Gewerbebetriebes treffen auf Sie zu und so müssen", jetzt wendet er sich seinem Gegenüber voll zu, „die Einnahmen nun einmal versteuert werden."

„Sie können aber", richtet er weiter das Wort an den betreffenden Herrn, „jederzeit um Ratenzahlungen ansuchen."

Jetzt meldet sich der fortwährend Angesprochene, unruhig geworden, zu Wort:

„Entschuldigen Sie, Herr Vorstand, der Herr, den Sie meinen, sitzt dort. Ich bin nur der Prüfer!"

★

Auf Erkundigung

Eine Prüferin der Amtsbetriebsprüfung Josefstadt hatte den Auftrag, bei einem Gasthaus nicht gerade erster Adresse und in einem Viertel, das sie sonst eher meiden würde, eine Betriebsprüfung durchzuführen.

Die Prüferin war als durchaus couragiert und selbständig bekannt. In diesem Fall bat sie aber ihren Mann, der ebenfalls Finanzbeamter war, er möge sich mit ihr den Betrieb noch vor Prüfungsbeginn einmal aus der Nähe ansehen.

Es war ein Beisl der unteren Kategorie, total verraucht, aber mit gemütlicher Atmosphäre. Es kam den beiden weder ein Sessel entgegen geflogen, noch wurde krakeelt. Die übrigen Gäste, durchwegs in Arbeitskleidung, durch die Rauchschwaden nur in den Bewegungen sichtbar. Nur einer, der am Nebentisch, bewegte sich nicht. Er war im Alkoholschlaf und brummte in gleichmäßigen Abständen: „Wusch-tata, wusch-tata“, etwa im Dreivierteltakt, „wusch-tata ....“

Die beiden bestellten ein Gulasch.

Plötzlich wurde der Wusch-tata-Brummer vom Nebentisch wach und rief zur Kellnerin: „Herst Mary, wo ist denn heut die Mama?“

Mary: „Sie hat ka Zeit!“

Brummer: „De Mama soll kumma, de Mama!“

Andere Gäste: „Ja, was is denn heut mit der Mama?“

Mary: „De kann net. De muaß Buchhaltung mach'n, am Montag kummt de Finanz!“

Der Brummer fiel gleich wieder zurück: „Wusch-tata, wusch-tata ...“

Der Prüferin war aber damit ein Teil ihrer Prüfungstechnik bereits vorgegeben ...

★

Auch ein Augenschein

Betriebsprüfung bei einem Fahrrad- und Motorradhändler.

Nichts stimmte. Der Rohaufschlag war furchtbar, Kontrollmitteilungen waren nicht eingetragen und schließlich tauchten noch ein paar Sparbücher auf, deren Einlagen keinesfalls von den erklärten Gewinnen herrühren konnten. Die Frage nach der Herkunft der Geldeinlagen beantwortete der Pflichtige mit größter Gelassenheit:

„Von meiner Frau, sie betreibt Geheimprostitution!“

„???“

Der Gruppenleiter, ein knorriger, standfester Haudegen, blieb völlig ungerührt:

„Könnt' ich die Dame einmal sehen?“

Der Fahrradhändler rief.

Die „Dame“ wogte aus dem Hintergrund des Geschäftslokals heran. In dem behaupteten Gewerbe – auch bei niedrigsten Ansprüchen – nicht, zumindest nicht erfolgreich, vorstellbar.

Der Gruppenleiter, links die unvermeidliche Zigarette, rechts mit einem der Sparbücher fächernd, ließ seinen Blick an der angeblichen Geheimprostituierten von oben nach unten, und ganz langsam von unten wieder hinauf gleiten, dann – nach einer inhaltsschweren Pause – stellte er mannhaft fest:

„Des glaub i net!“

Der Blick und der Ton – das war überzeugend. Der Abgabepflichtige unterschrieb das Prüfungsergebnis ohne Widerspruch.

★

Ein Fall überschießender Bürgernähe

Da gab es einen Gruppenleiter, einen reizenden, liebenswerten Menschen, fachlich qualifiziert, aber leider mit dem verhängnisvollen Hang zu einer geradezu selbstmörderischen Höflichkeit und belastet mit einer Entschuldigungsmanie. Jedes seiner Statements, ob kurz, ob lang, endete – auch wenn es sich ausschließlich um Steuern handelte – mit einem verbindlichen „Alles Gute!“.

Eine unvergeßliche Schlußbesprechung.

Abschließendes, gemeinsames Essen mit der Unternehmerin, einer außergewöhnlich attraktiven Dame, 38 Jahre, man gab ihr höchstens 30, mondän, weißes Mini-Lederkostüm, flott, sportlich, sprühend.

Die Dame entschuldigte sich: „Wir können leider nicht so lange bleiben, wir müssen heute noch einen 50. Geburtstag feiern.“

Der Gruppenleiter, sofort die Chance einer spontanen Höflichkeitsbekundung witternd, ergreift das Glas, springt auf, wendet sich jener jugendlichen 38igerin zu und trompetet:

„Gnädige Frau – ich erlaube mir – alles Gute zum Geburtstag!“

Der Prüfer aber, vergeblich das rettende Loch zum In-den-Boden-Versinken suchend – reterierte auf die Toilette ...

★

Der Rächer

Auch Betriebsprüfer kommen in die Lage, sich in die Hände eines Zahnarztes zu begeben.

Hier, und meist in Rückenlage, werden sie sich – für Betriebsprüfer ungewohnt – ihrer ganzen Wehrlosigkeit bewußt.

Wirklich schlimm wird es aber, wenn der Zahnarzt meint, von der Finanz schlecht behandelt worden zu sein und wenn er weiß, daß der, der sich da gerade unter ihm krümmt, einer „von denen" ist.

Der hier wußte es. Denn der Prüfer war von einer Dame empfohlen worden, die nicht nur seine Schmerzen, sondern auch seine Profession verraten hatte.

Und nichts – Empfehlung hin, Empfehlung her – konnte den Zahnarzt abhalten, die seinerzeit erlittene „schlechte Behandlung" nun jetzt seinerseits – pars pro toto – zurückzugeben.

„Sooo, Betriebsprüfer sind Sie?"

Der Prüfer mit aufgeklemmtem Mund und dem Absauger-Schnorchel im Rachen, röchelt ein tief aus dem Kehkopf kommendes „chhja ...".

„Ihre Kollegen haben behauptet", und jetzt folgte der erste unzarte Klopfer auf den leider noch nicht ganz toten Zahn, „... eine Extraktion braucht sieben Minuten."

Er drückt mit dem Daumen den malträtierten Zahn nach innen, nach außen, als wollte er ihn herausbrechen und die Kipprichtung feststellen. „Und haben danach mit Beziehung zur Anzahl meiner Ordinationsstunden meinen Umsatz ermittelt."

Der Prüfer sieht, hört und spürt sein Schicksal kommen. Die Stirnlampe zielt unerbittlich auf ihn.

„Sieben Minuten", setzt der Zahnarzt fort. „Ich zeige Ihnen jetzt, daß man auch länger für eine Extraktion brauchen kann."

Und es begann ein Ringen. Der Zahn legte sich quer, der Zahnarzt sich fast auf den Prüfer, die Zange glitt ab, der Zahn brach ab ...

Nach einer Stunde stand dieses bemitleidenswerte Opfer seines Berufes wieder auf der Straße. Schweißgebadet. Und verfluchte die „Zahnarztkalkulation"*.

Es gibt wenig Branchen, in denen Steuerpflichtige in der Lage sind, sich so schmerzvoll für eine erlittene Betriebsprüfung zu revanchieren.

---

* Es waren Methoden der Nachkalkulation entwickelt worden, die mit betriebsinternen Kennzahlen die erklärten Umsätze auf ihre Plausibilität überprüften. Natürlich gab es anfangs gewisse Kinderkrankheiten. S. Zahnärzte-, Bäcker-, Blunzenkalkulation u. a. m.

Rechtsprechung

Gerechtigkeit, die gibt es im Himmel.
Denn dort waltet die göttliche Vollkommenheit.
Recht wird auf Erd'n gesprochen.
Und da gibt es manchen Versprecher.
Denn hier herrscht die menschliche Unzulänglichkeit.

(Spruchweisheit)

Auch in der Rechtsprechung

Zwischen dem verwaltungsbehördlichen Geschehen des Alltags und der Tätigkeit der entsprechenden Höchstgerichtshöfe besteht zwangsläufig eine enge Wechselbeziehung.

Da steigt so manches Mal das „Aroma der Anekdote“ von den Niederungen der Verwaltung zu den Höhen höchster Gerichtsbarkeit auf und kehrt als Niederschlag weiser Erkenntnisse wieder zurück in den Verwaltungsakt.

Es ist daher nicht ganz unberechtigt, auch in der Rechtsprechung die Anekdote – hochjuristisch verbrämt – zu suchen.

Man findet sie.

★

Wenn sich Wohnen mit Arbeit verbindet

Wohnen dient der „Befriedigung privater Bedürfnisse“, was man auch immer darunter verstehen mag, Arbeit dient der Einnahmenerzielung. Und bei allem, was dazu dient, um einnahmenträchtig arbeiten zu können, kann man mit der Finanz über steuerliche Absetzungsmöglichkeiten reden.
Schlimm wird es nur, wenn sich Wohnen mit Arbeit verbindet. Hier kommt auch die Rechtsprechung zu immer neuen Schlußfolgerungen.
Weil nämlich viele der Rechtsprechenden, der Rechtsanwendenden und der Rechtsberatenden selbst wo wohnen und sich daselbst der Arbeit, die in prallgefüllten Aktentaschen in ihre Privaträume eindringt, nicht verschließen können.
Und das ist die Geschichte vom „Arbeitszimmer im privaten Wohnungsverband“.

★

Auf die Körperlage kam es nicht an

Lohnsteuerprüfer können an den Ausgaben, die für das Arbeitszimmer eines Richters geltend gemacht werden, nicht sehenden Auges vorbeigehen. Der Prüfer, der die „ausschließliche oder nahezu berufliche Nutzung“ des privaten Arbeitszimmers beurteilen mußte*, schritt daher zur Besichtigung.

---

* Alte Rechtslage

In den überfüllten Bücherregalen fielen ihm neben dem juristischen Schrifttum auf: „Der Untergang des Abendlandes", „Der letzte Scharfrichter von Wien" und „Geschichte der Folter".

Der Richter murmelte irgendwie entschuldigend: „Alles Geschenke." Das war es nicht. Aber was entdeckte der Prüfer da noch: Ein Sofa! Ein Sofa mit einem Polster. Und er schloß: Da ein Sofa zum Ruhen oder Schlafen dient, weder das eine noch das andere zu den beruflichen Tätigkeiten eines Richters zählt, gibt es keine ausschließliche berufliche Nutzung. Daher aber auch kein steuerlich anzuerkennendes Arbeitszimmer.

Als hätte er auf diese Prüfungsfeststellung nur gewartet, zückte der belesene Richter eine Entscheidung des Bundesfinanzhofes, in der es u. a. hieß:

„Es ist dem steuerpflichtigen Richter unbenommen, statt am Schreibtisch zu sitzen, sich im *Liegen* auf seine Arbeit zu konzentrieren, Akten zu lesen und Urteile zu diktieren."*

★

Die Berufstypologie ist entscheidend!

Lehrern hat man das private Arbeitszimmer mit dem Hinweis auf das Konferenzzimmer in der Schule lange Zeit steuerlich verwehrt.

Im Laufe der anprasselnden Rechtsmittel dürfte sich die Erkenntnis durchgesetzt haben, daß es in einem Konferenzzimmer nicht um vieles stiller zugehe, als in einem Klassenzimmer in der Pause. Und da – wie vorgeschlagen – Stoff-Vorbereitung und Korrekturarbeiten auch in leeren Klassenzimmern nicht ungestört möglich sind, weil Bedienerinnen da mit Kübeln und Besen scheppern, bekamen die Lehrer im Einzelfall das private Arbeitszimmer zugesprochen.

Schließlich aber wurde unter all dem ein dicker Strich gemacht und das Typische im Lehrberuf gesucht. Dabei fand man, was nicht typisch ist: Das private Arbeitszimmer sei für den Lehrberuf nicht berufstypisch.

★

* BFH vom 18.3.1988, VI R 27/28, RDW 1988, 466

Personenbeförderung?

Bei einer Betriebsprüfung in einem Leichenbestattungsunternehmen konnte sich der Betriebsprüfer in allen Besprechungspunkten durchsetzen, ausgenommen in der Frage:

Fällt ein Leichenwagen in die Kategorie Personenkraftwagen, wenn ja, zur gewerblichen Personenbeförderung oder nicht.

Der Anlaß, diese Frage zu stellen, war – wie der Prüfer zugab – eine Erzählung des Leichenbestatters, in der der Leichenwagen eine zentrale Rolle spielte.

Da wurde mit großer Heiterkeit erzählt, daß einmal der Steuerpflichtige seine Tocher und deren Freundin nach einem Theaterbesuch mit dem Leichenwagen abgeholt und nach Hause gebracht hatte. Und so hielt um 11.00 Uhr nachts vor dem Wohnhaus der Freundin ein Leichenwagen. Aufregung bei den Eltern: Ihre Tochter stieg leibhaftig aus einem Leichenwagen aus!

Das zündete bei dem Betriebsprüfer die entsprechenden Überlegungen:

Personenkraftwagen, Personenbeförderung?

Das Höchstgericht aber entschied:

„Ein Leichenwagen dient nicht der gewerblichen Personenbeförderung."*

Woraus man das lebensbejahende Element in der Rechtsprechung erkennen konnte: Während nämlich die österreichische Rechtsordnung auch das (noch) Ungeborene, u. a. in Erbrechtsfragen (wenn auch fiktiv) als Person behandelt und mit wesentlichen Rechten ausstattet, gelten Verstorbene, sobald sie befördert werden, nicht mehr als Personen.

Ein Fall von nur *„vorübergehend Verstorbenen"* wurde zwar vor dem Verwaltungsgerichtshof noch nicht verhandelt, doch hat für derartige Fälle schon die Friedhofsordnung der Stadt Klagenfurt Vorsorge getroffen:

„Die Friedhofsverwaltung führt eine Sammelgruft, in der vorübergehend Verstorbene beerdigt werden."

Friedhofsordnung der Stadt Klagenfurt
beschlossen vom Gemeinderat 1972

★

* VwGH 11.12.1984 84/14/0124

Aufwendungen für die Ehelosigkeit

In einem Erlaß aus dem Jahre 1992 werden Aufwendungen eines katholischen Weltpriesters für die Beschäftigung einer Haushälterin geteilt:

60 % für Arbeiten im beruflichen Bereich des Pfarrers (steuerlich absetzbar) und 40 % in „Aufwendungen aus dem Titel der Ehelosigkeit" (nicht absetzbar).

Welche Aufwendungen unter dem Titel der Ehelosigkeit auch zu verstehen sein mögen, sie stellen – so der Erlaß – keine außergewöhnliche Belastung dar.

★

Die private Lebensführung von Kriminalbeamten

Die Konsumationskosten und andere Aufwendungen von Kriminalbeamten bei einer Untergrundfahndung stellen dagegen – nach einer Entscheidung einer Finanzlandesdirektion – zu 100 % Ausgaben der *Lebensführung der Kriminalbeamten* dar.

★

„Altersbedingte Abnützung des Kauapparates?"

Eine Betriebsprüferin stellte im Verlaufe einer abgabenrechtlichen Prüfung bei einem Werbesprecher und Schauspieler fest, daß die geltend gemachten Zahnersatzkosten nicht als Betriebsausgaben abgesetzt werden können.

Der steuerliche Vertreter führte ins Treffen, daß es geradezu ein Berufserfordernis sei, nicht zu „lispeln", nicht zu „zischen" und nicht zu „blubbern". Die Reparatur sei aus phonotechnischen Gründen erfolgt.

Schließlich konterte die junge Betriebsprüferin, daß das Einsetzen von zwei Brücken im Unterkiefer, einer 8-teiligen Brücke im Oberkiefer eine „altersbedingte Reparatur des abgenützten Kauapparates" darstelle.

Der VwGH endlich entschied, daß das „Lispeln", „Zischen" und „Blubbern" auch den Bereich der privaten Lebensführung berühren könne, die Reparaturkosten für die Zahnprothesen aber nicht aufgeteilt werden könnten, einmal in die berufliche Nutzung des Zahnersatzes und einmal in eine solche im privaten Bereich.*

★

* VwGH 16.11.1995 94/13/0142

Stoffwechselkontrolle

In einem Fall, in dem es um das überdurchschnittliche Transpirieren der körpereigenen Flüssigkeit einer Schauspielerin ging, die die Anschaffungskosten einer Waage geltend gemacht hatte, beschied der Verwaltungsgerichtshof der Beschwerdeführerin:

„Die Kontrolle des menschlichen Stoffwechsels ist ebenso wie die Aufnahme der erforderlichen Nahrung und Flüssigkeit dem Bereich der Lebensführung zuzurechnen, selbst wenn mit der Berufsausübung ein überdurchschnittlicher Energie- und Flüssigkeitsverbrauch verbunden ist."*

★

Andererseits wurde die Abzugsfähigkeit von Frauenkleidern eines männlichen Kabarettisten bejaht, trotz des Einwandes der Verwaltungsbehörde, daß auch hier eine private Nutzung denkbar wäre.**

★

Haupt-zweck-los?

Der Leiter einer Bewertungsstelle, der zwei Jahre lang mit dem Gemeinderat im Rechtsstreit lag, wie das im Gemeindegebiet gelegene Fußballfeld bewertungsrechtlich zu behandeln sei, konnte das abschließende Erkenntnis des Verwaltungsgerichtshofes nicht fassen:

„Ein Fußballplatz dient keinem landwirtschaftlichen Hauptzweck, und gehört daher nicht zum landwirtschaftlichen Vermögen."***

---

* VwGH 17.9.1997, 94/13/0001

** VwGH 10.9.1988 96/15/0198

*** VwGH 25.1.1988 86/15/0141

Curiosa Interna

„... Und ist doch sicherlich
ein Mensch wie Du und ich",
der kaum gelobte, oft verdammte
Finanzbeamte ...

Aktenvermerk

Der langjährige Leiter der Verfahrensabteilung im Finanzministerium und Mitgestalter mehrerer BAO-Novellen, der legendäre Sektionschef Dr. Ellinger, wurde nicht nur wegen seines umfassenden Fachwissens geschätzt, er bleibt unvergeßlich auch wegen seiner vielen, stets treffsicheren Bonmots.

So meinte er einmal zu einem Dienststellenleiter, der darüber klagte, daß immer mehr „Nebenbei-Arbeit" auf seinem Tisch lande, während sich die eigentliche Dienststellenarbeit staue, begütigend:

„Sie werden noch draufkommen, Herr Kollege, wenn Sie zu Ihrer eigenen Arbeit kommen, glaub'n S', Sie sind auf Urlaub, so schön kann das sein!"

Oder (offenbar aus seinen Erfahrungen als Inspizierender):

„Alles kann man mit einem Akt machen, nur nicht hineinschau'n. Denn irgend etwas ist sicher falsch oder könnte falsch sein oder – es liest sich merkwürdig."

Solchen „Merkwürdigkeiten" begegnet man am ehesten in den sog. „Aktenvermerken". Aktenvermerke (AV) dienen dazu, „amtliche Wahrnehmungen, Mitteilungen, Hinweise ..." unmittelbar und schriftlich festzuhalten.
Keine Aktenvermerke sind die gelegentlich von einem Bearbeiter an den Rand einer Eingabe hingeworfenen glossalen Unmutsäußerungen, wie z.B. an den Rand einer Berufung: „HAHA!", oder „Nicht mit mir!", oder, wie auf einer Steuererklärung zu lesen, „Dieser Rohaufschlag ist ein Witz, aber nichts zum Lachen!"

Weil es schwierig ist, ein unvermittelt dastehendes Stück Wirklichkeit in einen Akt hineinzubringen, und unter dem Zeitdruck, Gegenwärtiges gegenwärtig festzuhalten, wird bei der Abfassung von Aktenvermerken mit Wortwahl und Formulierung nicht immer sorgsam umgegangen.

Manchmal ist der Verfasser des Aktenvermerks in dem Sachverhalt gedanklich so verfangen, daß damit auch die Wortwahl nicht nur fixiert, sondern geradezu „koloriert" ist.

Wie etwa das folgende Beispiel zeigt:

„Amtliche Wahrnehmung“ zum Ableben eines Steuerberaters

AV. 27. Juli 1992

„Steuerberater St. K. betreute die Abgabepflichtige steuerlich bis 30.März 1992.

Daraufhin ist er *verstorben.*

Die Kanzlei wurde *ebenfalls stillgelegt.*

Laut Auskunft der ehemaligen Kanzleileiterin weiß man derzeit nicht, in welchem der Ablagekörbe die steuerlichen Unterlagen *begraben sind.*

Die Vollmacht ist *erloschen.*“

★

Mißverständlicher Aktenvermerk in einer Veranlagungsabteilung

„Der Abgabepflichtige ist ladungsgemäß um 9 Uhr erschienen.
Gegenstand der Besprechung: Vorliegende Anzeige.
Nach Vorhalt der in der Anzeige enthaltenen Angaben wurden im Zuge der gegenständlichen Besprechung (einvernehmlich) Umsatzsteuerverkürzungen festgestellt in Höhe von 140.000,– S unter Mitwirkung des Strafreferenten Mag. H. Die diesbezügliche Niederschrift befindet sich in seinem Strafakt.“

★

Aktenvermerk eines Organisationsleiters

„10.15 Uhr. Anruf der FLD: Wegen wiederholter Anrufe wird mitgeteilt, daß es den Amtsvorständen in Eigenverantwortung überlassen bleibt, ob und wann es in ihrem Amt eine Weihnachtsfeier gibt.

Nach Rücksprache mit dem Herrn Vorstand: Weihnachten gibt es bei uns am 22. Dezember von 15 bis 18 Uhr. Mit wenig Kerzen (Rußgefahr) und ohne Gesang (Lärmgefahr).“

★

„In unseren Breiten ist das kein Beruf!"

In der Niederschrift über eine der monatlichen Dienstbesprechungen einer Betriebsprüfergruppe ist zu lesen:

„Aus gegebenem Anlaß ist darauf hinzuweisen, daß in Tz 1 des Bp-Berichtes unter ‚Betriebsgegenstand oder Art der Tätigkeit' eine Tätigkeit des Abgabepflichtigen in einem Geschäfts- oder Berufszweig zu verstehen ist. Laut Abteilungsleiter gehört in unseren Breiten Mord nicht dazu.

Es ist daher nicht angebracht, wie im Anlaßfall, als Berufsbezeichnung ‚Mörder' anzugeben. (Auch nicht nach rechtskräftiger Verurteilung!)

Statt ‚Diebs- und Hehlerei Ges.n.b.R.' genügt ‚Handel mit Waren aller Art'."

Im kollegialen Umfeld

Mundraub

In einer Prüfergruppe zeichnete sich das dienstliche Zuammensein durch eine geradezu freundschaftliche Kollegialität aus. Zuweilen wirkte allerdings diese Kollegialität so „ergreifend", daß es eine Kollegin in einem besonderen Fall für angebracht hielt, ihren Individualstatus hervorzuheben.

Sie hatte nämlich in Vorbereitung einer kleinen Feier anläßlich ihres nahenden Geburtstages eine Flasche Wein im gruppeneigenen Kühlschrank deponiert. Nun wußte sie, daß es – für gewöhnlich unwidersprochen – Gruppenbrauch war, den Inhalt dieses Kühlschranks bei Bedarf als gemeinschaftliches Verbrauchsvermögen zu behandeln. Um aber in diesem Fall ihr Eigentum zu spezifizieren, klebte sie auf die Flasche Wein einen Zettel mit ihrem Namen: „MUTH".

Muth war im Außendienst, vier Kollegen mühten sich im Büro mit Berichtsarbeiten. Das Monatsende nahte, die Berichte mußten noch „hinaus". Hektik. Amtsräumeluft – trockene Luft. Durst. Zwingende Bedingungen für einen Mundraub.

In einer Erschöpfungspause war es dann soweit: Nach Überwindung einer – allerdings kaum merkbaren – Moralschwelle kam der Griff zur Flasche.

Nach erfolgter Labung wurde der Zettel mit „Muth" von der Flasche gelöst und – mit zwei Worten ergänzt – in den Kühlschrank gelegt.

Als Muth in das Büro kam, fand sie dort, wo einmal eine Flasche mit steirischem Sauvignon lag, nur noch ihren Zettel.

Jetzt aber war zu lesen:

„MUTH
HATTEN WIR"

★

Was zu beweisen war ...

Nachdem Dr. Günter Stummvoll als neuer Staatssekretär in die Himmelpfortgasse eingezogen war, besuchte er in einer Art Vorstellrunde einzelne Abteilungen.

Der Besuch einer Abteilung, die schon seit Jahren über ihr viel zu kleines Sitzungszimmer klagte, war für einen Montag vorgesehen. An diesem Montag – so wird erzählt – kehrte auch ein Kollege vom Urlaub zurück und fand auf seinem Tisch einen Zettel: „Komm sofort in das Sitzungszimmer."

Ahnungslos und gedanklich noch nicht ganz „da", eilte er in das Sitzungszimmer, in dem bereits die Kollegenschaft, wie immer sehr gedrängt, versammelt war.

Stummvoll hatte schon die meisten Hände geschüttelt und wendete sich jetzt dem Neuankömmling zu, streckte ihm die Hand entgegen und sagte: „Stummvoll."

Der Kollege, noch atemlos, nickte zustimmend:

„Ja, bummvoll ist 's heut wieder!"

★

Was der Zoologe Alfred Edmund Brehm (Tierleben, 6 Bände, Leipzig) nicht entdecken konnte

(denn er bereiste Afrika, Spanien, Skandinavien, Sibirien, aber nicht Gmünd in Niederösterreich):

Diese Tischrunde:

„Finanzamt Gmünd

Niederschrift über die Schlußbesprechung

Leiter der Amtshandlung: FOK* Mag. *Hirsch,* Amtsvorstand

Teilnehmer und teilnehmende Organe der Finanzverwaltung:

FR Dr. *Storch,* Gruppenleiter der Großbetriebsprüfung,
FORev. *Wolf* und
FRev. *Haas,* Betriebsprüfer,
FK. Dr. *Fuchs,* Strafreferent

Der Steuerpflichtige: Kommerzialrat *Steinberg*

Steuerlicher Vertreter: StB. Dr. *Fink*"

Auf dem zweiten Durchschlag der Niederschrift wurde von unbekannter Hand angemerkt:

„4 Niederwild, 2 Vögel, 1 Mensch"

★

---

* Den Amtstiteln im Finanzressort wurde bis einschließlich 1977 ein „Finanz-" (F) vorgesetzt: z. B. „Finanzoberkommissär" (FOK), „Finanzrat" (FR).

„Das Ereignis der Woche“, Galerie, erste und zweite Reihe ...

Als junger Finanzakademiker absolvierte ein späterer Amtsvorstand seine Ausbildung in einem Wiener Finanzamt, und noch viele Jahre später bewegte ihn in seinen Erinnerungen ein Tag aus dieser Zeit ganz besonders: Der Tag, an dem er „das Ereignis der Woche“ kennenlernen sollte.

Es war ein Tag der „Prüfungen“. Sein siebenter Tag im Dienste der österreichischen Finanzverwaltung. Um es gleich zu sagen: Es war nicht sein Tag.

Sein Referent hatte aus einem dringenden Grund einen Tag Urlaub genommen und der „sieben Tage alte“ provisorische Finanzkommissär war allein im Referat.

Der erste Anrufer verlangte den Referenten und als er erfuhr, der sei auf Urlaub, rügte er:

„Bei Euch arbeit' wieder nur die halbe Belegschaft!“

Beim zweiten Anruf – er meldete sich, wie man es ihm beigebracht hatte, „Finanzamt für den ... Bezirk“, knurrte am anderen Ende sein Gruppenleiter:

„Hör'n S' auf, Sie sind doch nicht gleich das ganze Finanzamt!“

Beim dritten Läuten, schon sehr verunsichert, überlegte er, ob er sich etwa melden sollte mit: „Hier einer von vielen des Finanzamtes ...“

Aber glücklicherweise ließ es der Anrufer nicht soweit kommen. Hastig rief der ins Telefon:

„Es ist gleich soweit. Kommen S' schnell auf Zimmer 217!“

Der junge, am Beginn seines Finanzlebens stehende Beamte wußte überhaupt nichts mehr, am wenigsten, wie ihm geschah! Aber dienstbefließen eilte er in den zweiten Stock, Zimmer 217, trat ein und – traute seinen Augen nicht:

Die Einrichtung des relativ großen Zimmers war total umgestellt. Eine Reihe von Sesseln stand an der Fensterwand in Richtung Fenster, dahinter die beiden großen Auflagetische. Und auf Sesseln und Tischen die Kollegen, erwartungsvoll, die Blicke gespannt auf das gegenüberliegende Gebäude gerichtet. Es war wie „Galerie, erste und zweite Reihe“.

Eine Hand streckte sich dem Neuankömmling entgegen und hievte ihn auf einen der Tische.

Man wollte, wurde ihm versichert, seinen Ausbildungshorizont in „kollegial-realistischer Sicht der Dinge“ erweitern. Erweitern um – das EREIGNIS DER WOCHE.

Im Gebäude gegenüber, einen Stock tiefer, befinde sich nämlich eine Zuschneidewerkstätte, in die man von hier oben einen guten Einblick habe. An gewissen Vormittagen, für gewöhnlich am Mittwoch, und da um 10 Uhr, offenbar in der Frühstückspause, erscheine der Zuschneidemeister mit einer seiner Zuschneidegehilfinnen, bette diese auf den großen Zuschneidetisch wie auf eine Bettstatt und vollziehe daselbst einen – aber alles andere als steuerlichen – Akt.

Der junge Finanzbeamte war beeindruckt, vor allem von der Vielseitigkeit seiner Ausbildung.

Jedoch – war die Frühstückspause verlegt worden, hatte der Zuschneidemeister seinen Arbeitsrhythmus geändert – die Gründe waren nicht feststellbar, das „Ereignis“ fand nicht statt. Eine Lücke in der „kollegialen Ausbildung“, die nicht mehr geschlossen werden konnte.

Dennn sobald die Amtsleitung von den Vormittagsfreuden im zweiten Stock erfahren hatte, wurde unverzüglich mit interner Amtsverfügung – „zur nachweislichen Kenntnisnahme“ – diese Art der Dienstunterbrechung für unzulässig erklärt und „der dabei zutage getretene Voyeurismus“ als standeswidriges Verhalten verurteilt. Die Verfügung schloß:

„... Im übrigen wird den Bediensteten dringend empfohlen, die gleiche Aufmerksamkeit auf die eigenen Akte zu verwenden.“

★

Das Flinserl – und der Dienstkleidungsträger

Im Jahre 1985 war das „öffentliche Ansehen der Behörde gefährdet“ und die „Seriosität eines Prüfers“ in Frage gestellt – so die Sorge des damaligen Amtsvorstandes.

Entsprechend aufgeregt rief er den Abteilungsleiter zu sich und eröffnete ihm:

„Du, einer Deiner Leute tragt ein Flinserl!“

Abteilungsleiter: „??? Wie bitte?“

„Ja, der tragt am rechten Ohr ein Flinserl. So kann doch der nicht in einen Betrieb prüfen gehn!"

Der Bp-Leiter war zunächst schockiert. In seiner Vorstellung war ein Flinserl das, was damals ein bekannter Austro-Popstar am Ohr hatte: groß wie eine Kokarde aus der französischen Revolution und sehr grün, sehr blau, mit einem Spritzer Gelb.

Er eilte in die Abteilung, umkreiste forschend den jungen Prüfer, konnte aber nichts dergleichen entdecken. Erst im folgenden Vieraugengespräch sah er tatsächlich im rechten Ohrläppchen ein winziges Ding glitzern.

Was nun kam, war ein – aus heutiger Sicht – „kulturhistorischer Disput" zwischen Vorstand und Abteilungsleiter darüber,

– daß man den Generationensprung auch in Geschmacksfragen sehen sollte,
– daß man aber doch auch das Standesniveau halten müsse,
– daß sich ein Prüfer der jeweiligen Situation anpassen müsse und er bei Prüfungen in avantgardistischen Kreisen, wie bei Künstlern und Automatenaufstellern im Prater, als Flinserl-Träger leichter eine Gesprächsbasis fände,

und schließlich auch, daß der Naturbeschaffenheit so mancher Ohren ein schmückender Aufputz sogar zum Vorteil gereichen könnte ...

Was aber beide – Vorstand wie Abteilungsleiter – nicht wußten: Im selben Jahr hatte sich bereits die deutsche Verwaltungsgerichtsbarkeit dieses Problems – „Schmuck bei männlichen Dienstkleidungsträgern" – bemächtigt, und die Verwaltungsgerichtshöfe Baden-Württhemberg und Mannheim hatten darüber ausführlich „Recht gesprochen".

Danach löse „ein kleiner Schmuck bei Männern die Vorstellung einer Identifizierung mit einer umstrittenen politischen, religiösen oder kulturellen Bewegung nicht aus." „Erblickt man im Zollbeamten auch den Mitbürger, so setzt es die Achtung und das Vertrauen der Öffentlichkeit nicht herab, wenn er die fragliche Mode in angemessener Weise mitmacht." Es hänge aber von der Größe und Ausgestaltung ab, „ob Ohrschmuck an männlichen Dienstkleidungsträgern ansehensmindernd" wirke. Der Grundsatz der Gleichberechtigung „begründe keine andere Würdigung. Schließlich handelt es sich nach allgemeiner Einschätzung bei Männern und Frauen um grundlegend verschiedene Sachverhalte."*

Die österreichische Lösung 1985: Im Innendienst: ja, angesichts des Vorstandes eher nein, im Außendienst (unkontrolliert) nein.

★

Die innere Uhr

Wie man weiß, wirkt neben der Bio-Rhytmik (i.e.S.) auch noch eine besondere „innere Uhr", die den Gezeitenwechsel „früh am Tage – spät am Abend" individuell sehr unterschiedlich einläutet. So unterschiedlich, daß man danach eine besondere Typologie „Früh- und Abendmenschen" unterscheidet.

Und jene, deren Tagesaktivität von ihrem Chronometer zeitverschoben „eingeläutet" wird, leiden erbarmungswürdig unter dem Joch der „Frühtypen", die den Tages-(Wecker-)Ton angeben.

Einhalten der Dienstzeit ist fest, wie ein schwerer, unbeweglicher Holzpflock im Dienstrecht verankert.

Ein Gruppenleiter, nämlich jener von I. K., war einer jener, dessen innere Uhr seine Tagesaktivität besonders früh „einläutete", und der jeglichen Unterschied zu einem anderen chronometrischen System mit Strenge leugnete. Sein Prüfer I. K. war aber gerade einer mit der „anderen Uhr".

Die Prüfergruppe verfügte über mehrere Räume und zwei Gangtüren.

I. K., oft zu spät, überlegte immer minutenlang, durch welche der beiden Türen er so eintreten könnte, daß ihn sein Gruppenleiter einmal nicht entdeckte. Es war immer die falsche. Denn Dkfm. W. lauerte auf ihn immer bei der richtigen.

Bewundernswert an I. K. war der nie versiegende Einfallsreichtum, die mit Abenteuern geradezu angereicherte Phantasie, die ihn immer wieder neue Begründungen für seine Verspätung finden ließ.

---

* Verwaltungsgerichtshof Baden-Württemberg, 4 S 2875/85 – gefunden bei Rolf Stober, „JUS MIT JUX", Nomos Verlagsgesellschaft Baden-Baden, 1987

Nicht immer mit Erfolg.

Einmal schien eine, für seine Verhältnisse wirklich banale Begründung, nämlich Straßenbahnstörung am Ring, dem Gruppenleiter als total mißlungen.

„Das gibt 's nicht, ich habe sie noch um 8 Uhr über die Kennedy-Brücke gehen gesehen!"

„Kann nicht sein, da war ich schon am Ring!"

„Ich habe Sie gesehen!"

„Sie haben mich verwechselt."

„Sie kann man doch nicht verwechseln!"

Der Disput wird heftiger, I. K. verliert die Nerven und schießt triumphierend heraus:

„Sie können mich gar nicht gesehen haben, denn um $^{3}/_{4}$8 Uhr bin ich noch im Bett gelegen!"

★

Das Beweismittel

Um eine Generalentschuldigung für alle vergangenen und gleich auch zukünftigen Verspätungen zu liefern, fiel I. K., übrigens ein ausgezeichneter Prüfer, das folgende, wie er meinte, letzte, aber zugleich auch wirksamste Mittel ein.

Wieder einmal an einem Morgen atemlos bei seinem Schreibtisch angelangt, packt er einen riesigen, großmütterlichen Wecker aus, stellt ihn auf einen Teller und läßt ihn ablaufen.

Ein mörderisches Geräusch! Sein Gruppenleiter stürzt in das Zimmer:

„Sind S' jetzt wahnsinnig geworden?!"

I. K.: „Sehen Sie, Herr Oberfinanzrat, das höre ich absolut nicht, wenn ich mich im Morgenschlaf befinde!"

★

Schwieriges Disziplinarverfahren

Die Disziplinaranzeige richtete sich gegen einen Zollbeamten, der während der Dienstzeit ein „Schäferstündchen" verbracht haben soll. Die Anzeige sparte nicht mit harten Vorwürfen – Dienstpflichtverletzung, pflichtvergessen, unzuverlässig u. ä.

Auch die Disziplinarkommission – (ein Beisitzer: „Was Neues, haben wir noch nicht gehabt!") – beurteilte nach dem Aktenstudium den Vorfall zunächst sehr negativ.

Bei der näheren sachlichen Betrachtung zeigte sich aber, daß der Fall dienstrechtlich gar nicht so eindeutig zu entscheiden war.

Man überlegte: Eine Erfrischung, ein Getränk, ein Wurstbrot zu sich zu nehmen oder der Befriedigung eines anderen körperlichen Bedürfnisses nachzugehen, ist auch während der Dienstzeit nicht verboten. Im Grunde genommen, könnte man auch in diesem Fall hier von einem körperlichen Bedürfnis sprechen, dessen Befriedigung für sich allein noch keine Dienstpflichtverletzung darstellen dürfte.

Man war gespannt, wie sich der Bedienstete in der Verhandlung verantworten würde.

Der leugnete keineswegs, verneinte aber, dadurch eine Dienstpflichtverletzung begangen zu haben.

Denn – es sei „alles so passiert, daß er dabei den Amtsplatz nicht einen Augenblick aus den Augen lassen mußte".

Die Disziplinarkommission war beeindruckt. Freispruch.

Blüten

Geruchsvermeidung

Nach einer Abteilungsbesprechung hielt einer der teilnehmenden Gruppenleiter in seinem Handakt fest:

„Dienstbesprechung, 17. 4. 1984

Achtung Berichtsapprobation!

In den Berichten soll im Zusammenhang mit Sachverhaltsdarstellungen der Ausdruck „einvernehmlich" nicht mehr verwendet werden. Denn entweder werden unabhängig vom Einvernehmen gegebene Tatsachen festgestellt, oder es riecht nach Kuh-Handel!

Diesem Geruch wollen wir uns nicht aussetzen!"

★

Rationalisierung der Verhältnisse

Auf Ersuchen des Veranlagungsreferates sollte ein Betriebsprüfer feststellen, ob bei einem bestimmten Hotelbetrieb wegen der weitläufigen Betriebsstruktur – Reitstall, Kindergarten, Freigehege neben dem eigentlichen Hotelbetrieb – und des ungünstigen Preis-Kosten-Verhältnisses nicht schon a priori Liebhaberei* anzunehmen sei.

Aus der ausführlichen Stellungnahme des Betriebsprüfers:

„... Außerdem wurden in den letzten sechs Monaten mehrere wirtschaftliche und organisatorische Verbesserungen vorgenommen.

Die strukturellen Verhältnisse des Restaurationsbetriebes sowie die der Zimmermädchen zu den Gästen wurden weitgehend rationalisiert. Insbesondere die Extras im Zimmerservice wurden stark eingeschränkt. Pferdestall und der Betrieb der Erzherzog Franz Bar wurden streng getrennt in der innerbetrieblichen Verrechnung.

---

* Alte Rechtslage

Zwei der Lohndiener und ein auch im Service einsetzbares Stubenmädchen stehen überdies mit dem Kleinbus und einem PKW für den Gästeverkehr zur Verfügung.

... Inwieweit tatsächlich Liebhaberei vorliegt, kann erst nach Ablauf des Beoabachtungszeitraumes beurteilt werden ..."

★

Aus dem Protokoll über einen Einsatz der (ehemaligen) Steuerfahndung

„Der Verdächtige wurde in Unterhosen angetroffen. Er wurde aufgefordert, sich ordnungsgemäß zu bekleiden. Die ebenfalls anwesende Dame befand sich in demselben Zustand. Sie wurde aufgefordert, die Amtshandlung nicht zu stören. Nachdem alle bekleidet waren, wurde die Festnahme des Verdächtigen gem § 85 FinStrG ausgesprochen. Die Dame ging nach Hinterlassung ihrer Personalien ab."

★

„Nach den Erfahrungen des täglichen Lebens ..."*

(Eine Geschichte lange vor Schengen und vor der „Öffnung im Osten".)

Der Dienst des Zollwachebeamten an der grünen Grenze war damals ein Dienst in grenzenloser Einsamkeit: „Gegend", Hasen, ein paar Rehe und wenn man Glück hatte, manchmal ein Hirsch. Bei weniger Glück – ein inspizierender Revierinspektor. Wer je eine Fürpaß-Hütte gesehen – vier roh zusammengenagelte Holzwände, ein Kanonenöfchen – kann verstehen, daß sich da manch einer in die Einsamkeit einen Freund mitnimmt: Freund „Flachmann".

Wer oder was das ist, und wie Revierinspektoren darüber denken, zeigt die folgende Disziplinaranzeige.

„Der Zollwachebeamte wurde mit einem halbvollen Flachmann angetroffen. Flachmann ist ein schmales Gefäß, das halbrund, der Körperform angepaßt ist, und daher unbemerkt in

* Eine in VwGH-Erkenntnissen häufig verwendete Wendung zum Beweisverfahren.

der Uniform mitgetragen werden kann. Es wird zum Mitführen von Schnaps verwendet und ist daher bei Jägern und Außendienstbeamten gleichermaßen in Übung.

Der Beamte behauptet, er habe den Schnaps nicht getrunken, sondern gegen die Kälte Hand- und Fußgelenke damit eingerieben.

Der Alkohol war aber im Mundgeruch und die Kälte im langjährigen Durchschnitt. Deshalb dürfte es sich um eine Schutzbehauptung handeln.

Denn die Erfahrung des täglichen Lebens sagt: Wenn ein Flachmann halbvoll ist, dann wurde die andere Hälfte getrunken."

Aus den Lehrgängen am Bildungszentrum der österreichischen Finanzverwaltung*

Über Buchhaltung, Betriebsprüfung und – überhaupt ...

„Eine soziologisch starke Gruppe gerät regelmäßig in Panik, wenn von Latein oder Buchhaltung die Rede ist. Bei Latein gibt es nichts zu begreifen, Buchhaltung muß man nicht begreifen. Es genügt, die ersten zwei Grundrechnungsarten zu beherrschen und zu wissen, wo links und rechts ist. Um Zweifelsfragen vorzubeugen: Bei uns ist links an der Fensterseite und rechts bei der Tür."

★

„Wenn jemand Buchhaltung als kompliziert und schwer verständlich erklärt, dann ist das einer, der ein Buch darüber schreiben will."

★

„Schwierig ist nicht, wie man buchen soll, sondern zu wissen, was man buchen muß."

★

„Die Vorstellung, ein Betriebsprüfer müsse seine Tätigkeit völlig emotionslos ausüben, ist wirklichkeitsfremd. Zumindest soviel an Emotion muß man ihm zubilligen, wie jemandem, der zu Ostern die Ostereier sucht. Beide wissen nicht, ‚*wo*', der Prüfer weiß aber auch nicht, ‚*ob*' welche versteckt sind."

★

„Ein Rechtsmittelverzicht, der zur behördlichen Prostitution absinkt, widerspricht den guten Sitten und ist daher unzulässig."

★

* ehemals Bundesfinanzschule

„Die Einkommensteuer wird zwar die Königin der Steuern genannt, sie bringt aber so wenig wie die Königin im Bienenstock. Den Honig bringen ihre Abkömmlinge, die fleißigen Bienen im Lohnsteueraufkommen."

★

„Die Bundesabgabenordnung ist die Bibel des Abgabenrechts. Aber jeder interpretiert sie nach seinen eigenen Vorstellungen von Seelenheil."

★

Der Gleichbehandlungsgrundsatz in der Betriebswirtschaft

In einem Bp-Lehrgang weist der Vortragende beim Thema „Auswahl der Prüfungsfälle" einleitend auf den in der Verfassung festgeschriebenen Grundsatz – Zweckmäßigkeit und Sparsamkeit der Verwaltung – hin und gibt zu bedenken, daß in manchen Fällen schon aus dem Aktenstudium erkennbar sei, wie wenig wirtschaftlich hier der Aufwand einer Betriebsprüfung sein würde.

In derartigen Fällen rechne sich nämlich „im Prüfungsergebnis nicht einmal eine Mannstunde!" Und meint damit die entsprechende betriebswirtschaftliche Einheit.

Lautstarker Protest aus Frauenmund:

„Männerwelt! Warum mißt man ausgerechnet in Mannstunden! Frauen arbeiten auch!"

Boshafter Zwischenruf eines Salzburger Betriebsprüfers:

„Ja, nur gäb 's dabei vielleicht weniger zu messen!"

Der Vortragende mahnt zu mehr Fairneß.

Ein anderer will das Streitgespräch offensichtlich versöhnlich abschließen:

„Schaut's, Ihr habt's ja so was nicht. Die Stundeneinheit gibt 's bei Euch Frauen nicht. Ihr habt's doch Eure Tage!"

Nach dem allgemeinen Gelächter will der Vortragende schnell fortsetzen:

„Also in der Regel wird man ..."

Weiter kam er nicht. Von Frauen- wie Männerseite setzte jetzt ein wahhaft stürmisches Gelächter ein.

Denn damit war das Thema auf den – unterschwellig schon längst angesprochenen – geschlechtsspezifischen Punkt gebracht worden.

Die Stunde ging im chaotischen Gelächter unter. Die Pause mußte vorverlegt werden.

★

Und was davon blieb ...

Ein Lehrgangsteilnehmer, der immer wieder den Eindruck erweckte, gedanklich abwesend oder mit anderem beschäftigt zu sein, war deshalb das permanente Ziel für überfallsartige Zwischenfragen des Vortragenden. Er durchlitt, aber „überlebte" zwei Lehrgänge – einen Buchhaltungs- und einen Bp-Lehrgang – mit demselben Vortragenden, ohne daß auch nur irgendeine Steigerung seines Interesses erkennbar geworden wäre.

Dennoch dürfte er aber ein besonderes Ohr für Rand-Details gehabt haben, denn gerade dieser Kollege überraschte am Ende des zweiten Lehrganges „seinen" Vortragenden mit einer säuberlichen Auflistung von Zitaten aus dessen Vorträgen in Buchhaltung und Betriebsprüfung. Eine Auswahl:

„Ich sehe schon, Herr Kollege, Sie wollen sich hier als Witzbold versuchen. Eines gleich zur Rollenverteilung: Komisch darf hier nur der Vortragende sein, denn er wird lächerlich bezahlt. Sie dürfen nur lachen!"

★

„Nach Ihren Ergebnissen beim letzten Buchhaltungstest sollte man nicht fragen, seit wann es eine Doppelte Buchhaltung gibt, sondern:

Wie lange kann es sie noch geben!"

★

„Wenn der Steuerpflichtige am dritten Prüfungstag total verwundert ausruft: ‚Was, und Sie sind beim Staat?!‘, haben Sie schon so gut wie gewonnen.“

★

„Im Grunde genommen erwartet die überwiegende Anzahl der Steuerpflichtigen von einer Betriebsprüfung eine angemessene Steuernachforderung. – Also enttäuschen Sie sie nicht! – Die Leute brauchen das gewissermaßen als psychologisches Bußgeld, das alle Sünden der Vergangenheit zudeckt.“

★

„Lassen Sie sich durch die Prüfungstätigkeit an sich nicht erotisieren. Sie verlieren sonst das Augenmaß für die Sache und agieren wie ein blindwütiger Gockel vor der Henne. Das ist der Beamtenkoller, sagen unsere Arbeitspsychologen. Schlimm für Sie und die anderen!“

★

„Verachtet mir nicht die Dienstaufsichtsbeschwerden*! Im Schnitt ist jeder von Ihnen für eine Aufsichtsbeschwerde gut. Davor ist der lammfrömmste Prüfer nicht gefeit. Erhält er zwei, ist das unangenehm.

Bei mehr als drei – wird er zu einem Fall!“

★

„Vergessen Sie nicht: Eine Dienstaufsichtsbeschwerde, Ihre Stellungnahme dazu, die Stellungnahme Ihrer direkten Vorgesetzten und die der Oberbehörde bereichern Ihren Personalakt – gewichtsmäßig. Alles, was ein halbes Kilogramm überschreitet, ist Ihrer Karriere sehr hinderlich!“

★

---

* Fühlt sich ein Abgabepflichtiger durch ein vermeintliches oder tatsächliches Fehlverhalten eines Beamten beschwert, steht es ihm zu, bei der vorgesetzten Behörde eine Dienstaufsichtsbeschwerde zu erheben.

„Und träumen Sie nicht davon, daß einmal in dem Antrag, Ihnen ein Ehrenzeichen zu verleihen, als Begründung stehen könnte: ‚... und hat 16 Dienstaufsichtsbeschwerden mannhaft standgehalten'!"

★

„Wir bemühen uns hier um eine methodische Prüfungstechnik. Neidlos muß man aber zugeben, daß mitunter die größte Effizienz in Aussagen geschiedener Ehegatten und verabschiedeter Freundinnen liegt. Aber Sie dürfen sie nicht mißbrauchen!"

★

Die Fachprüfung

„Wenn Sie bei der ‚Mündlichen' eine Frage unvermittelt hart trifft, so, daß Sie im Kopf ein Loch und im Magen einen Druck spüren, verschaffen Sie sich Luft mit einem ‚Das kommt drauf an ...'. Das paßt fast immer, nur nicht, wenn Sie nach Ihrem Namen gefragt werden."

★

Eine Kandidatin, die den gleichen Namen trägt, wie ein in der FLD tätiger Hofrat, landet, nachdem sie bereits drei Prüfungskommissäre überstanden hat, beim Vorsitzenden der Prüfungskommission, der als letzter prüft. Der sieht, daß die Kandidatin nach den drei „Durchgängen" schon gewisse Ermüdungserscheinungen zeigt, und auch die Nerven bereits überstrapaziert zu sein scheinen. Um Beruhigung und Auflockerung bemüht, fragt er zum Einstieg:

„Sind Sie mit einem Finanzbeamten gleichen Namens verwandt oder verschwägert?"

Die Kandidatin, verdutzt: „Nein."

Der Vorsitzende: „Na seh'n Sie, jetzt haben Sie schon die erste positive Antwort gegeben!"

★

Der Kandidat war aus Vorarlberg und blieb bei seinen Antworten hartnäckig in seinem Vorarlberger Ur-Dialekt – sei es, um seine Lockerheit zu beweisen, sei es um die Distanz zum übrigen Sprach-Österreich zu demonstrieren.

Der Prüfungskommissär, leicht genervt:

„Herr Kollege! Vorarlbergerisch, wenn es das ist, was Sie da reden, mag im Dreigesang sehr schön sein. Aber in Ihrer Ausformung ist es als Kommunikationsmittel im Abgabenrecht nicht brauchbar!"

★

Der – etwas beleibte – Vorsitzende zu einem überaus nervösen Kandidaten: „Aber Herr Kollege, jetzt haben Sie doch schon 80 % der Prüfung hinter sich gebracht!"

Kandidat: „Ja, aber mit Ihnen kommt jetzt das dicke Ende!"

Und aus den Schreibstuben ...

Die Arbeit in den Schreibstuben mit ihrer körperlichen und nervlichen Belastung wurde immer zu wenig beachtet und nur selten gewürdigt. Eine eintönige Tätigkeit, tagaus, tagein fremde Texte aus miserabel geschriebenen Manuskripten abzuschreiben, ohne den sachlichen Zusammenhang zu kennen. Dennoch waren – rückblickend – die Schreibfehler im Verhältnis zum Arbeitsanfall minimal. Umso mehr fielen sie auf.

Was gerade noch verhindert werden konnte:

„Betriebsgegenstand: Tabakverscheiß"
(= Tabakverschleiß)

„Die Nachtstromgenerationen wurden komplett ausgetauscht."
(= -generatoren)

„Der Umsatz an Schwanzdeckungen ..."
(= Schwarzdeckung, mit Schwarzblech)

„Die Kassaführung wies kassastrophale Mängel auf."
(= katastrophale)

„Die Frustwirtschaft bringt keine positiven Erträge."
(= Forstwirtschaft)

„Die Betriebswege von der betrieblichen Peripherie zur Montage, die Transportschweife, sind zu lang."
(= Transportschleife)

Mitschrift einer Einvernahme:
„Ich habe ein feminales Gedächtnis ..."
(= phänomenales)

„Die Produktion von Schwarzgeld konnte um 25 % angehoben werden."
(= Schwarzbrot)

„Die Geschlechtsadaptierung nahm fünf Wochen in Anspruch. In dieser Zeit ruhte der Betrieb."
(= Geschäftsadaptierung)

„Das Gewerbeinspektorat beanstandete angeblich eine überdurchschnittliche Bauchentwicklung in der Kantine. Der Prüfer konnte dies nicht feststellen."
(= Rauchentwicklung)

★

Aus den frühen Jahren ...

In der „historischen Mappe" des verstorbenen Sektionschefs Dr. Grüner, der mit Vorliebe „Blüten" sammelte, die nicht aus Staub-, sondern aus Gefäßen mit „ana schwoarzn Tintn", aus oft bitterem Herzen und schwerer Hand an ihn kamen, befanden sich die folgenden „frühen Dokumente":

Zwei Berichte von einem westösterreichischen Grenzzollamt.

1. „Vor ca. zwei Jahren hat das Hochbauamt wegen Beschwerde der Bezirkshauptmannschaft angeordnet, daß die Beschilderung des Amtsabortes durchgeführt wird. Das ho. Zollamt hat daraufhin vier solche WC-Tafeln gekauft und wollte sie anbringen. Da die Eingangstüre zum Amts-WC zugleich auch Hauseingangstüre ist, hat Müller die Anbringung eines WC-Schildes verweigert. Somit konnten von den vier gekauften WC-Tafeln nur zwei angebracht werden. Die verbliebenen zwei werden in der Inventariumsliste unter Position 34/35, „Amtshinweise" gehalten.

   Ihre Verwendung kann erst erfolgen, wenn eine Veränderung der Abortverhältnisse direktionsmäßig angeordnet wird. Denn Müller wird den Hauseingang mannhaft wehren. Müller ist von starker Natur und sehr eigensinnig."

2. „Rev.Insp. Müller besitzt einen Privathund. Dieser Hund wird in der Wohnung oder in der Waschküche gehalten. Der Hund ist vielmals am Amtsplatz ohne Kette. Festgehalten wird, daß der Hund bei vielen Reisenden einen moralischen Wert zum Vorteil der Behörde hat. Leider steigt er manchmal mit den Pfoten zu den Fenstern hoch oder verrichtet seine Notdurft an den Reifen der stehenden Autos. Vielmals befindet sich der Hund hinten am Haus ohne Kette. Wenn dann Reisende den Amtsabort benützen wollen, so vertreibt ihnen der bellende Hund die Drangsal und die Reisenden kehren schnell um, ohne ihre Kostbarkeiten zu verlieren."

   (Diese vornehme Umschreibung versteht man heute, in einer Zeit in der die Fäkalausdrücke längst Eingang in die Alltagssprache gefunden haben und zum wesentlichen Inhalt von Bühnen- und Filmtexten geworden sind, nur, wenn man sie zweimal liest.)

„Österreich II“* – in der Finanzverwaltung

„Mehl gegen Klavier“
„Schmalz gegen Schmuck“
„Fahrrad gegen Mantel“

Die Anekdote begleitet auch die großen Dokumentationen, die Finanzanekdote begleitet sie in besonderer Weise …

* In Anlehnung an die Dokumentation von Portisch / Riff

Rückblicke 1945–1993

Auch für die österreichische Finanzverwaltung war 1945 die „Stunde Null". Es war dringend notwendig, eine funktionierende Steuererhebung zu installieren. Die Vorauszahlungen für 1946 mußten noch 1945 vorgeschrieben werden.

Dazu mußte man aber wissen, wer in den betreffenden Bezirken noch als Steuerpflichtiger anzusprechen war, wen es noch gab, wer umgezogen war, wen es nicht mehr gab. Durch die Kriegsereignisse war ein großer Teil der Steuerakten vernichtet worden oder abhanden gekommen.

Nun war man sich aber bewußt, daß in einer Zeit, in der die Sicherung der rein physischen Existenz die dringendste Tagesforderung war, die Versendung von Fragebogen zur steuerlichen Erfassung nur wenig Echo bringen würde.

Man verfiel auf eine radikale Vorgangsweise: Es wurden auf „gut Glück" Vorauszahlungsbescheide auf Grund „sanft geschätzter Besteuerungsgrundlagen" versendet in der Annahme, die Empfänger würden sich entweder protestierend oder mit einer entsprechenden Zahlung melden.

Die Aktion hatte Erfolg und tatsächlich konnte eine Evidenzkartei aufgebaut werden. Viele wunderten sich, daß es „auch in der zweiten Republik eine Finanz gibt!"

Ein Empfänger des Vorauszahlungsbescheides meldete sich mit einer Postkarte.

„Sie gehen von falschen Voraussetzungen aus. Ich habe keinen Lotterie-Treffer gehabt, sondern einen Bombentreffer in meinem Haus!"

★

Heizmaterial?

Es war auch die Zeit der großen „Mangelerscheinungen". Es mangelte an allem. An Lebensmitteln, Fensterglas, Brennstoff u. v. m. Auch in den Finanzdienststellen saßen die Beamten bei zerbrochenen Fensterscheiben in ungeheizten Räumen im Mantel beim Schreibtisch.

In der Großbetriebsprüfung Klagenfurt – und sicher nicht nur dort – wurde ein Teil des Außendienstes, vor allem an waldnahen Gebieten, zum Sammeln von Brennholz verwendet, welches dann auch gleich am nächsten Tag eigenhändig verheizt wurde.

Die Oberbehörde erkannte, daß dadurch ein erheblicher Teil der Dienstzeit dem ordentlichen Dienstbetrieb entging und verfügte:

„... In Hinkunft sind in der Großbetriebsprüfung Klagenfurt die vorhandenen Bedienerinnen zum Heizen zu verwenden."

Worauf der Leiter – so erzählte es Hofrat Veiter – in seiner Stellungnahme ausführte:

„In der Großbetriebsprüfung Klagenfurt sind derzeit nur drei Bedienerinnen vorhanden, welche relativ betagt sind und nur wenig Wärme abgeben dürften."

Darauf die telefonische Rüge: „Verfügungen der FLD sind ernst zu nehmen!"

Darauf der Leiter: „Immer?" Und: „Verzeihung, das habe ich nicht gewußt."

★

Zeitzeugnis

Amtsvermerk, 5. 11. 1947:

„Es wurden von der FLD dem Finanzamt drei Paar Schuhe zu einem Preis von je 73,50 S, zwei Paar Gummisohlen zu je 3,20 S und drei Paar Ledersohlen zu je 7,10 S zur Verfügung gestellt. Sie sind in der kommenden Woche in der FLD abzuholen. Der Preis ist bei Übernahme sofort zu entrichten."

★

Spionageverdacht

Das waren die Jahre der „Vier im Jeep" und der ständigen – nicht immer erfreulichen – Kontakte der Besatzungsmächte mit den österreichischen Verwaltungsbehörden.

Einen sehr unerfreulichen „Kontakt" hatte der spätere Hofrat Wallner mit Angehörigen einer Besatzungsmacht im Osten Österreichs.

Wallner war Prüfer in der Landwirtschaftsgruppe der Großbetriebsprüfung Wien und hatte in den 50er Jahren einen Landwirtschaftsbetrieb an der burgenländisch-ungarischen Grenze zu prüfen. Er war ein äußerst genauer Prüfer und stets bestrebt, nach Möglichkeit sich von allem selbst zu überzeugen.

Der Betrieb hatte Hochwasserschäden geltend gemacht, und der Prüfer ließ es sich nicht nehmen, eine Grundstücksbegehung zu unternehmen. Eine Grundstücksskizze in der Hand, ging er den „Roa", einen unübersichtlichen Flurweg entlang, vielleicht zu nahe der ungarischen Grenze. Plötzlich eine Staubwolke, ein russischer Jeep hält neben ihm und Dkfm. Wallner wird mit vorgehaltener Maschinenpistole zum Einsteigen „eingeladen".

Eh' ihm noch so recht bewußt wurde, was sich da abspielt, befand er sich auch schon in der russischen Kommandantur in Ödenburg, und nach stundenlangem Verhör – der Arbeitsbogen war selbstverständlich äußerst „spionageverdächtig" – landete er im Ödenburger Stadtgefängnis.

Nach 24 Stunden wurde Dkfm. Wallner wieder an den Platz zurückgestellt, wo man ihn aufgegriffen hatte.

Ein Punkt, an dem die Anekdote nur schmerzlich zu lächeln vermag: Die erste Frage der Dienstbehörde war: „Und wo sind die Akten?"

Das ist wohl der Ausfluß eines der Amtshierarchie zuweilen innewohnenden schwarzen Humors. Die Akten waren schon längst von der Zollwache sichergestellt worden. Österreich konnte ruhig schlafen ...

★

Ein verräterisches „meidlingerisches ELL (L)"

In der Schnaps- und Likörerzeugung der Nachkriegszeit wurde von einigen Unternehmen der Umstand ausgenützt, daß für österreichische Behörden keine Nachschaumöglichkeit bei den Wirtschaftsunternehmen der Besatzungsmächte bestand. Man bezog also von dort – unkontrolliert – beispielsweise den Weingeist und mixte mit inländisch zugekauften Essenzen die verschiedenen Likörsorten.

Bei der Betriebsprüfung einer Likörerzeugung in einem westlichen Wiener Gemeindebezirk ging es nun darum, ein mögliches Mißverhältnis zwischen offiziell zugekauften Essenzen und weniger offiziell gekauften und daher eventuell „weniger verbuchten" Weingeist festzustellen.

Ein junger Prüfer befand sich zur Einschulung im Prüfungsteam und studierte die „Sektorenkalkulation auf Basis der Equivalenzzahlenrechnung mit betriebsinternen Koeffizienten".

Zunächst aber gab den Prüfern eine andere eigenartige Aufzeichnung Rätsel auf. In den Ausfuhrlisten, die die Chauffeure für die Warenlieferung mitbekamen, war verschiedenen maschingeschriebenen Kundennamen ein handgeschriebenes „L" vorgesetzt.

Nun saßen die Prüfer fallweise in der Werkskantine am Mittagstisch mit den Chauffeuren zusammen. Im Laufe einer oft lockeren Unterhaltung fragten sie ihre Tischnachbarn, was denn dieses große „L" vor manchen Kundennamen bedeute.

Gelächter.

„E-lll", sagte einer dazu, und es war das breiteste Meidlinger „L", das es geben konnte, „E-lll, des san die L-lllinken. Da gibt 's ka Rechnung, nur an Schein."

Der einzuschulende Prüfer konnte seine „Sektorenkalkulation" und „Equivalenzzahlenrechnung" vergessen, denn jetzt war nur mehr eine Grundrechnungsart gefragt: die Addition.

★

Wodurch sich der Kreis – im Dezember 1993 – schloß

Im Jahre 1954 fand eine Betriebsprüfung bei einer bereits in Liquidation befindlichen Schuhfabrik statt. Als Auskunftspersonen standen nur mehr der Steuerpflichtige und die Buchhalterin zur Verfügung.

Der Steuerpflichtige war schwierig und aggressiv. Er hatte bereits zwei Steuerberater „verbraucht" und zwei Betriebsprüfer samt Gruppenleiter abgelehnt. Den Gruppenleiter, weil der infolge einer Kopfverletzung nicht in der Lage sein könne, „der Verhandlung zu folgen".

Ein neuer Prüfer wurde bestimmt, der durch seine eher gelassene und verbindliche Art versuchen sollte, die Wogen wieder zu glätten. Er bekam den strengen Auftrag, sich auf keine Diskussionen einzulassen und zu allen Vorwürfen zu schweigen.

Zumindest das Schweigen gelang dem Prüfer lange Zeit. Eines Tages legte aber der Steuerpflichtige wieder mit einer Schimpforgie gegen alles, was Österreich hieß, los, schaurige Verbalinjurien gegen die Spitzen des Staates ergossen sich über den Prüfer.

Und zuletzt, schreiend: „In Österreich geht 's ärger zu als in einer Volksdemokratie*!!"

Da entschlüpfte dem Prüfer ein einziger Satz: „Ich glaube, Herr Doktor, wenn Sie das, was Sie hier seit einer Stunde von sich geben, 60 Kilometer weiter östlich** sagen, würden Sie den Unterschied zwischen Österreich und einer Volksdemokratie gleich merken!"

Das genügte. Bei der vorgesetzten Dienstbehörde langte eine vier Seiten starke Dienstaufsichtsbeschwerde ein mit dem Vorwurf:

„Der Prüfer drohte mir an, mich nach dem Osten zu deportieren ...!"

Der Vorwurf wurde zwar nicht ernst genommen, konnte nicht ernst genommen werden, dennoch wurde vom Prüfer eine „ausführliche Stellungnahme" verlangt.

39 Jahre später

Der damalige Betriebsprüfer war inzwischen Leiter der Dienststelle geworden. Und in den lezten Tagen des Jahres, jenes Jahres, das das letzte in seiner Aktivzeit war, wurde er von einem Prüfer ersucht, in einem Prüfungsfall einzugreifen, in dem der Steuerpflichtige außergewöhnlich aggressiv reagiere, vom Rausschmeissen die Rede sei und die Prüfungsarbeit fast unmöglich gemacht werde.

Der Dienststellenleiter rief bei dem Steuerpflichtigen an und ersuchte, er möge ihn zu einem klärenden Gespräch besuchen. Das Gespräch verlief ruhig und endete mit einer Entschuldigung des Steuerpflichtigen und der Zusicherung, den Prüfer in Ruhe und Sachlichkeit arbeiten zu lassen.

Dem Dienststellenleiter ließ aber eine bestimmte Namensgleichheit keine Ruhe: „Sagen Sie, sind Sie mit einem ehemaligen Schuhfabrikanten gleichen Namens verwandt?"

---

* damals kommunistische Oststaaten

** gemeint, das damals kommunistische Ungarn

Der Steuerpflichtige: „Ja, ja – ich hab' einmal so einen spinnenden Onkel gehabt."

Und dann, als ihm offenbar eine gewisse Ähnlichkeit zwischen dem jetzigen Anlaß und dem „spinnenden Onkel" bewußt geworden war: „Aber bei mir ist das ganz was anderes!"

Auch auf diese Weise vermag sich ein Kreis zu schließen ...

€ 4-

€ ~~4~~